Religionsbuch 4 ICH BIN DA

Religionsbuch 4

ICH BIN DA

Erarbeitet von Andreas Baur, Friedrich Fischer,
Maria Knoll, Josef Quadflieg

Verlag Ludwig Auer Donauwörth

Zugelassen durch die Lehrbuchkommission der deutschen Bischofskonferenz

Biblische Bebilderung: Rudolf Büder, München
Graphische Gestaltung: Otto Kuchenbauer, Donauwörth
Illustrationen: Jochen Bartsch
Gesamtherstellung: Druckerei Ludwig Auer, Donauwörth
ISBN 3-403-00**801**-0

Begegnung mit der Bibel

Unverhoffte Begegnung

Rolf und Herbert machen eine zweiwöchige Radtour in die Rhön. An ihren Fahrrädern hängen große Wandertaschen, auf dem Gepäckträger türmen sich Rucksäcke, Zeltplanen und Luftmatratzen. Am dritten Tag zieht sich ein schweres Gewitter am Himmel zusammen. „Das macht uns nichts", reden sie einander gut zu und fahren weiter, aber bald kracht der Donner pausenlos, gespenstische Blitze zucken, und eine finstere Wand von Regen zieht über ihnen auf. Bis zu dem Städtchen Hünfeld schlagen sie sich noch durch, schlecht und recht, mutig und ängstlich, doch dann wird das Gewitter unheimlich; ihre Sachen sind durchnäßt, ihre Regenhäute halten die nasse Flut nicht mehr auf, und sie beschließen, im Hünfelder Kloster um Unterkunft zu bitten.

Bruder Alexius an der Pforte ist sehr freundlich und zeigt ihnen, wo sie ihre Fahrräder unterstellen können. Sie packen alles auseinander. „Eure Klamotten könnt ihr hier oben zum Trocknen aufhängen!" sagt Bruder Alexius, „und dann kommt ihr mal gleich in die Küche, da gibt's eine warme Suppe."

Bald fühlen sich Rolf und Herbert wie zu Hause. „Du", sagt Rolf, „hier möchte ich schon die Nacht über bleiben . . .", und kaum hat er das gesagt, da kommt auch schon der Pater Prior, begrüßt sie und sagt: „Hier könnt ihr die Nacht über bleiben!" Er weist ihnen ein Gästezimmer an und sagt: „Morgen früh könnt ihr euch das ganze Kloster mal ansehen, ehe ihr wieder weiterreist." Rolf und Herbert sind froh, daß ihr klatschnasses Gewitterproblem so elegant gelöst ist. Sie schlafen die Nacht fest und tief, besser als im Zelt.

Am anderen Morgen hören sie schon früh die Klosterglocke zur Messe läuten. Sie stehen auf, ziehen sich an und gehen in die Kapelle. Da sind sie ganz schön erstaunt, wie viele Patres und Brüder es im Hünfelder Kloster gibt! „Was machen die bloß alle hier?" fragen die beiden beim Frühstück. Der Prior erzählt ihnen, daß im Kloster Missionare ausgebildet werden als Priester und Religionslehrer, als Sanitäter und Handwerker, als Techniker und Farmer. „Bildet ihr auch Winzer aus?" fragt Herbert. „Wieso?" fragt der Prior zurück. „Na", sagt Herbert, „da habe ich doch an der seitlichen Kapellenwand einen Spruch gelesen vom Weinberg und von den Arbeitern; es gäbe zu wenig Weinberg-Arbeiter und so." Der Prior erklärt ihnen den Spruch. Er sagt: „Der Weinberg, das ist nur ein Beispielwort für die Länder der Welt, in denen das Reich Gottes verkündet werden soll, und mit den Weinberg-Arbeitern sind die Missionare gemeint."

Und wie ist die Geschichte weitergegangen? Das kann sich jeder leicht zusammenreimen, wenn er die Karte aus Windhuk liest, die Rolf, Verzeihung, jetzt muß man schon sagen: Herr Studienrat Willems, in seinem Zimmer an die Wand genagelt hat: „Hallo, Rolf, weißt Du noch, wie wir damals naß und durchfroren im Hünfelder Kloster unser warmes Süppchen schlürften? Seitdem sind elf Jahre vergangen. Wie wär's, wenn Du mal mit Deiner Familie die weite Reise – nicht mit dem Fahrrad, versteht sich! – hier herunter machtest und mich mal auf der Missionsstation am Okawangafluß besuchtest? Tausend Grüße, Dein Br. Herbert, OMI."

Nimm und lies!

Christen aller Zeiten haben die Bibel als ihr wichtigstes Buch angesehen. Sie haben sie immer wieder gelesen. Für die vielen Menschen, die nicht lesen konnten, wurden die biblischen Geschichten an die Wände der Kirchen gemalt, in Stein gehauen und in Erz gegossen; sie wurden erzählt und vorgelesen.
Gottes Wort in der Bibel hat Kraft. Wer auf die Bibel hört, kann ein anderer Mensch werden. Dafür gibt es berühmte Beispiele.

1. **Antonius** lebte in den Zeiten der römischen Christenverfolgung in Ägypten. Als er zwanzig Jahre alt war, starben seine Eltern und hinterließen ihm ein reiches Erbe. Eines Tages hörte Antonius beim Gottesdienst die Worte: „Wenn du vollkommen sein willst, dann verkaufe alles, was du hast, und gib den Erlös den Armen. Und dann folge mir nach!" So hatte Jesus einmal zu einem reichen jungen Mann gesagt, der zu ihm gekommen war. Aber Antonius erkannte plötzlich: heute meint Jesus mich. So verkaufte er alles, was er hatte, versorgte seine jüngere Schwester und schenkte

alles übrige den Armen. Dann ging er in die Wüste Ägyptens, um dort in der Stille Gott zu dienen. Jahrelang blieb er verborgen. Die Menschen erfuhren schließlich, daß er jetzt ganz erfüllt sei vom Geist Gottes. Viele suchten ihn auf, in aller Welt wurde er berühmt; viele schlossen sich ihm dauernd an und wurden wie er Mönche; selbst der christlich gewordene römische Kaiser Konstantin und seine Söhne schrieben ihm Briefe und baten ihn um Rat und Fürbitte. Antonius starb im Alter von 105 Jahren (im Jahre 356); man nennt ihn Antonius den Großen, den Vater der Mönche, oder Antonius den Einsiedler. Er hatte ein Wort Jesu gehört und buchstäblich getreu erfüllt.

2. Ganz anders ging es **Augustinus,** dem Römer aus Nordafrika, der erst mit 32 Jahren durch den Bischof Ambrosius in Mailand die Taufe empfing. Er war ein leichtsinniger, hochbegabter Student gewesen, wurde schließlich selbst Professor – aber glücklich wurde er nicht. Hin- und hergerissen zwischen Gut und Böse wagte er nicht, ein neues Leben zu beginnen. Als er in seinem Mailänder Haus in seinem Garten saß und unter Tränen betete, hörte er eine Kinderstimme: „Nimm und lies, nimm und lies!" Da schlug er die Heilige Schrift auf, die vor ihm lag, und fand ein Wort des Apostels Paulus darin: „Laßt uns so leben, wie es dem Licht des Tages entspricht, ohne Fressen und Saufen, ohne Unzucht und Ausschweifung, ohne Streit und Eifersucht. Legt das neue Gewand an, Jesus Christus, den Herrn!" In der Kraft dieses Wortes wurde Augustinus ein Christ. Er ging nach Afrika zurück; dort verlangten die Leute von Hippo, daß er sich für sie zum Priester weihen ließ; schließlich wurde er ihr Bischof. In den langen Jahren seines bischöflichen Dienstes wurde Augustinus der größte Lehrer für die Kirche seiner Zeit, einer, der immer wieder die Heilige Schrift gelesen und den Leuten erklärt hat. Er starb im Jahre 430.

3. **Hildegard von Bingen** war das 10. Kind des Hildebert von Bermersheim und wurde seit dem 8. Lebensjahr im Benediktinerinnenklo-

ster am Disibodenberg a. d. Nahe erzogen. Dort lernte sie Lesen und Schreiben, Singen und Handarbeiten. Schon früh ging ihr Ruhm durch ganz Europa. Denn Hildegard wurde von Jugend an von einem inneren Licht ergriffen. „Es durchströmte mein ganzes Gehirn und durchglühte mir Herz und Brust gleich einer Flamme. Und plötzlich erschloß sich mir der Sinn der Psalmen, der Evangelien und der übrigen Bücher des Alten und Neuen Testamentes." Sie schrieb auf, was sie gesehen hatte und verkünden sollte. Alle, die ihre Schriften lasen, kamen aus dem Staunen nicht mehr heraus. Der Papst ordnete eine sorgfältige Untersuchung an, denn Hildegard gehörte nicht zu den Gelehrten – woher hatte sie eine solche Weisheit? Bald erkannten alle, daß Hildegard ein Prophetin war, die von Gott erleuchtet wurde. Sie war inzwischen die Äbtissin des Klosters auf dem Rupertsberg bei Bingen geworden. Von überall strömten jetzt die Menschen zu ihr; Kranke, die sie mit ihrer ärztlichen Kunst heilte; Sünder, denen sie auf den rechten Weg verhalf; Bischöfe und Fürsten, Gelehrte und Heilige. Allen redete sie ins Gewissen. Schließlich reiste sie selbst durch Deutschland und predigte in Kirchen und Klöstern.

Hildegard wurde trotz vieler Leiden und Krankheiten 82 Jahre alt; sie starb 1179. Sie selbst sagte: „Das Gefäß meines Leibes wurde wie im Töpferofen gebrannt; wie ja Gott viele prüfte, denen er sein Wort vorzubringen befahl. Ihm sei Lob dafür!"

Bis heute bleibt die Reihe der Schriften staunenswert, die Hildegard hinterlassen hat, besonders ihr berühmtes Werk Scivias, d. h. „Wisse die Wege!" In einer alten Handschrift dieses Buches wird sie dargestellt, wie die Flammen des Heiligen Geistes sie ergreifen und erleuchten, damit sie anderen Rat und Licht weitergeben kann.

4. Als der reiche Kaufmannssohn **Franz** in Assisi mit 25 Jahren ein neues, besseres Leben begann, wußte er nicht, nach welcher Regel er leben sollte. Da hörte er bei der Meßfeier den Priester eine biblische Geschichte vorlesen, in der Christus seine Jünger zur Predigt aussendet und ihnen sagt: „Nehmt weder Gold noch Silber noch Geld in eurem Gürtel mit, auch keine Tasche und keine zwei Röcke, keine Schuhe und keinen Stab!" Nach dieser Regel begann Franz nun in Armut zu leben; er fand Gefährten, und daraus wurde der Orden der minderen Brüder oder der Franziskaner – sie erneuerten die Kirche im 13. Jahrhundert.

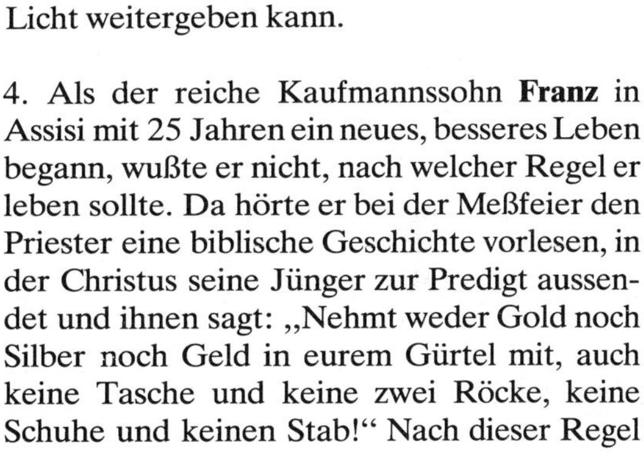

So haben Christen aller Zeiten auf die Heilige Schrift gehört und Kraft gefunden zu einem neuen Leben. So geschieht es auch heute. Wichtiger als alle berühmten Beispiele von einst und heute ist, daß wir selber aus der Bibel erfahren: Gottes Wort hat Kraft. ▷ *Heilige*

Erfahrungen mit Gott

Herr, du warst uns Zuflucht von
Geschlecht zu Geschlecht.
Ehe die Berge geboren wurden,
ehe Erde und Weltall entstanden,
von Ewigkeit
zu Ewigkeit bist du, o Gott!

Psalm 90

Was wissen die Menschen von Gott? Sie sehen ihn nicht, sie hören ihn nicht, sie können ihn nicht fassen. Gibt es Erfahrungen mit Gott? Die Bibel redet von Gott und den Menschen. Sie erzählt, wie Menschen Gott kennengelernt haben; wie Gott sie heimsuchte und rief.
Die Bibel erzählt vom Leben der Menschen im Bund mit Gott, aber auch, wie sie den Bund brachen und Unglück über sich brachten. Sie erzählt davon, daß Gott die Menschen liebt. Die Menschen finden kein Heil ohne Gott.

▷ *Gott*

Im Elend der Gefangenschaft und der Zerstreuung betet das Volk Israel im Psalm 106:

Hilf uns, Herr, unser Gott.
Sammle uns ein
aus den Völkern;
wir wollen
deinen heiligen Namen preisen,
und rühmen,
daß wir dich loben dürfen.

Das Alte Testament

erzählt die Geschichte des Volkes Gottes, angefangen von Abraham über die Zeiten des Mose, der Könige und der Propheten bis hin zu der Zeit, als Jesus Christus kam. Das Alte Testament erzählt vom Glück und vom Unglück des auserwählten Volkes Israel. Es enthält viele Geschichten und Lieder, aber auch die Gesetze und Vorschriften des Volkes Israel. Es ist ein Geschichtsbuch, ein Buch vieler Erzählungen und Gedichte, ein Gebetbuch und ein Gesetzbuch zugleich. Es sammelt die Erfahrungen eines ganzen Volkes mit seinem Gott.

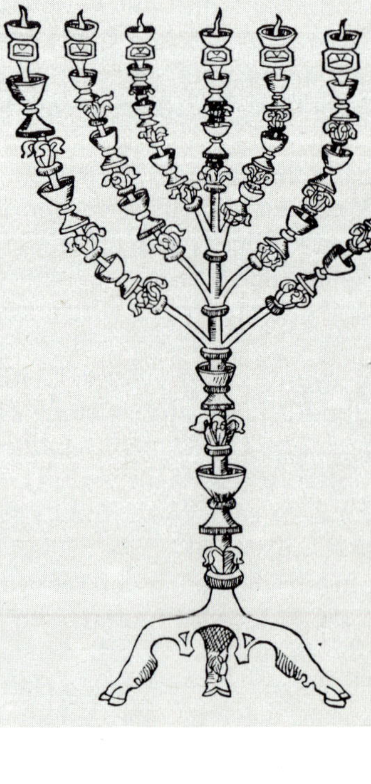

Die schönste und wichtigste Erfahrung mit Gott haben die Jünger Christi machen dürfen. Davon berichtet das

Das Neue Testament

- Es enthält die vier **Evangelien** nach Mattäus, Markus, Lukas und Johannes. Sie verkündigen die Frohe Botschaft Jesu weiter und erzählen von seiner Geburt, seinem Leben, seinem Weg ans Kreuz und in die Herrlichkeit des Vaters.

- Es enthält in der **Apostelgeschichte** die Geschichte der Urgemeinde in Jerusalem und der ersten Ausbreitung des Glaubens, besonders durch den Apostel Paulus.

- Es enthält **21 Apostelbriefe,** die meisten davon vom heiligen Paulus.

- Es enthält die **Offenbarung des Johannes,** ein Trostbuch für die junge Christenheit in der Verfolgung.

Das Neue Testament
ist das grundlegende Buch über
Jesus Christus, den Sohn Gottes,
und über seine Jüngergemeinde,
die Kirche Gottes.

▷ *Christus* ▷ *Kreuz*

Der Apostel Paulus hat in seinem Brief an die Philipper ein altes Christuslied aufgezeichnet. Paulus schreibt den Christen:

Seid so gesinnt, wie es das Leben
in Christus fordert:
Jesus Christus war wie Gott.
Er hielt aber nicht daran fest,
Gott gleich zu sein.
Er wurde wie ein Sklave und
den Menschen gleich.
Er erniedrigte sich und ward
gehorsam bis zum Tod, bis zum Tod
am Kreuz.
Darum hat ihn Gott über alle erhöht
und ihm den Namen verliehen, der
jeden Namen übertrifft, damit vor
dem Namen Jesu alle Mächte im
Himmel, auf der Erde und unter
der Erde ihre Knie beugen,
und jede Zunge bekennt:
Herr ist Jesus Christus zur Ehre
Gottes des Vaters. (Phil 2, 5–11)

Er ist unser Gott, und wir sind sein Volk

Die biblischen Bücher haben ein einziges großes Thema. Von Gott sagen sie:
Er ist unser Gott.
Von den Menschen sagen sie:
Wir sind sein Volk.

In den Zeiten, als das Volk Israel vor dreitausend Jahren in Frieden im Lande Palästina lebte, brachte man alljährlich Gott ein Dankopfer von den Früchten der Erde dar. Die ersten Früchte des Jahres wurden in einen Korb gelegt und vor den Altar gestellt. Dabei sollte der Israelit vor dem Herrn bekennen:

„Mein Vater war ein heimatloser Aramäer. Er zog nach Ägypten, lebte dort als Fremder mit

wenigen Leuten und wurde dort zu einem großen, mächtigen und zahlreichen Volk. Die Ägypter behandelten uns schlecht, machten uns rechtlos und legten uns harte Fronarbeit auf. Wir schrien zum Herrn, dem Gott unserer Väter, und der Herr hörte unser Schreien und sah unsere Rechtlosigkeit, unsere Arbeitslast und unsere Bedrängnis. Der Herr führte uns mit starker Hand und hoch erhobenem Arm, unter großen Schrecken, unter Zeichen und Wundern aus Ägypten. Er brachte uns an diese Stätte und gab uns dieses Land, ein Land, wo Milch und Honig strömen. Und siehe, nun bringe ich dir die ersten Erträge von den Früchten des Landes, das du mir gegeben hast, Herr!"

(Dtn 26, 5–10)

Als das Volk der Juden in Babylon in der Verbannung saß und die Stadt Jerusalem in Trümmern lag, verloren viele ihre Hoffnung auf Gott. Da trat der Prophet Jesaja auf und tröstete die Israeliten. Gott ließ ihn sagen:

Israel, fürchte dich nicht,
denn ich habe dich befreit,
ich habe dich beim Namen gerufen,
du bist mein.
Wenn du durchs Wasser schreitest,
bin ich bei dir;
kein Strom reißt dich fort.
Wenn du durchs Feuer gehst,
wirst du nicht versengt;
keine Flamme wird dich verbrennen.
Denn ich, der Herr, bin dein Gott;
ich, Israels heiliger Gott, bin dein Retter.
Fürchte dich nicht, denn ich bin bei dir.
Vom Osten bringe ich deine Kinder herbei
vom Westen her versammle ich dein Volk.
Ich sage zum Norden: Gib her!
Und zum Süden: Halte sie nicht zurück!
Führe meine Söhne heim aus der Ferne,
meine Töchter vom Ende der Erde.

(Aus Jes 43, 1–7)

Das Alte Testament erzählt dreimal von einer großen Wanderung, einem großen Auszug: **Abraham** brach auf aus seiner Heimat, als Gott ihn rief;

die Kinder Abrahams brachen aus **Ägypten** auf, als Gott sie durch Mose herausführte; das Volk der Juden brach aus der Gefangenschaft in **Babylon** auf, als Gott sie in die Heimat nach Jerusalem zurückkehren ließ.

Eine andere große Wanderung ist noch immer nicht zu Ende: Juden und Christen sind miteinander unterwegs zu Gott. Beide dürfen sagen: Der Herr ist unser Gott, und wir sind sein Volk. Er wird alle Tränen von unseren Augen wischen. Er wird alle Völker in seinem Reich versammeln.

▷ *Aramäer* ▷ *Juden*

Gott sorgt für sein Volk

Lange Zeit wurde das Volk Israel im Lande Kanaan von mächtigen Feinden bedroht, am meisten durch die Philister. Diese hatten bereits Waffen aus Eisen, die Israeliten noch nicht. Immer wieder kam es zu Kämpfen, und oft wurden die Israeliten dabei geschlagen. Aus dieser Zeit erzählte man später die Geschichte vom Hirtenknaben David und dem Riesen Goliat, einem Philister.

Die Heere der Philister und der Israeliten lagerten einander gegenüber.
Jeden Tag trat ein Philister namens Goliat aus dem Lager hervor und forderte einen Israeliten zum Zweikampf heraus. Goliat war riesengroß, trug einen Helm, einen Schuppenpanzer und Beinschienen; auf der Schulter trug er einen schweren Wurfspieß mit eiserner Spitze. Ganz Israel hatte vor Goliat Angst, niemand wagte mit ihm zu kämpfen, und Goliat verspottete sie alle.
Da kam eines Tages David, ein Hirtenjunge, zum Heer, um seine älteren Brüder dort zu besuchen. Er hörte, wie der Philister Israel verhöhnte, und sagte: Ich will mit ihm kämpfen. Ich habe für meinen Vater die Schafe gehütet, dabei habe ich Löwen und Bären erschlagen. Der Herr wird mich auch vor diesem Philister retten. Da sagten die Israeliten zu ihm: Geh, der Herr sei mir dir!
Und sie wollten ihm eine Rüstung geben, aber David konnte in der schweren Rüstung nicht gehen. Er legte sie wieder ab, nahm seinen Hirtenstab in die Hand, suchte sich am Bach fünf glatte Steine und legte sie in seine Hirtentasche.
Dann nahm er die Schleuder in die Hand und trat dem Philister entgegen.
Der Philister sagte: Bin ich ein Hund, daß du mit einem Stock zu mir kommst? Komm nur her, ich will dich den Vögeln und den wilden Tieren zum Fraß vorwerfen.
David antwortete ihm: Du kommst zu mir mit Schwert und Speer; ich komme zu dir im Namen des Herrn, des Gottes Israels. Der Herr wird dich heute in meine Gewalt geben. Die ganze Erde soll erkennen, daß Israel einen Gott hat.
Als der Philister sich David näherte, griff David in seine Hirtentasche, nahm einen Stein heraus, schleuderte ihn los und traf den Philister an der Stirn.
Der Stein drang in die Stirn ein, und der Philister fiel vornüber zu Boden.
So besiegte David den Philister mit einer Schleuder und einem Stein; er brachte ihn zu Fall und tötete ihn, ohne ein Schwert in der Hand zu haben.
Da flohen alle Philister. (1 Sam 17)

Israel dankt Gott für seine Rettung

Psalm 124 – ein Wallfahrtslied Davids

Wäre der Herr nicht für uns eingetreten
– so soll Israel sprechen –
wäre der Herr nicht für uns eingetreten,
als sich gegen uns Menschen erhoben,
dann hätten sie uns lebendig verschlungen,
als gegen uns ihr Zorn entbrannt war.
Dann hätten die Wasser uns weggespült,
über uns sich ein Wildbach ergossen.
Dann hätten sich über uns ergossen
die wilden, wogenden Wasser. –
Gelobt sei der Herr,
der uns ihren Zähnen zum Raub nicht preisgab.
Unsere Seele ist wie ein Vogel
dem Netz des Jägers entkommen,
das Netz ist zerrissen, und wir sind frei.
Unsre Hilfe steht im Namen des Herrn,
der Himmel und Erde gemacht hat.

David, der Hirtenknabe, wurde später König über das Volk Israel; er machte Jerusalem zur Hauptstadt des Landes. In seinem Lied singt er den Dank dafür, daß der Herr sein Volk befreit und ihm immer wieder geholfen hat.

Im Land Kanaan lernte das Volk auch die Götter der Kanaaniter kennen, vor allem Baal und Astarte, und viele wurden dem Gott Israels untreu. Da sandte Gott dem Volk seine Boten, die es zur Umkehr und neuer Treue bekehren sollten: die Propheten (= zu deutsch: Sprecher im Namen Gottes).

▷ *Psalm* ▷ *Prophet*

So spricht der Herr: Ich bin da – das ist mein Name

Der heilige Name Gottes im Volk Israel heißt Jahwe, zu deutsch: Ich bin da; oder: Ich bin für euch da.
Zu Mose hatte Gott gesagt: Das ist mein Name für immer, und so wird man mich nennen in allen Generationen.

Aus der Botschaft des Propheten Hosea

Kommt, wir kehren zum Herrn
zurück!
Denn er hat uns Wunden gerissen,
er wird uns auch heilen,
er hat verwundet,
er wird auch verbinden.

Was soll ich mit dir tun, Juda?
Eure Liebe ist wie eine Wolke
am Morgen
und wie der Tau, der bald vergeht.

Ich will meinen glühenden Zorn
nicht vollstrecken,
und Juda nicht noch einmal
vernichten.
Denn ich bin Gott, nicht ein Mensch,
der heilige Gott in deiner Mitte.

Ich bin der Herr, dein Gott,
seit der Zeit in Ägypten;
du sollst keinen anderen Gott
kennen als mich.
Es gibt keinen Retter außer mir.

Der Herr läßt sein Volk nicht untergehen

Die Geschichte von den drei Männern im Feuer ist ein Sinnbild für das Leben des ganzen Gottesvolkes: es kam nicht um mitten im Leid.

Im Buch des Propheten Daniel (Kap. 3) wird erzählt:

König Nebukadnezzar ließ ein goldenes Standbild machen, 60 Ellen hoch und sechs Ellen breit, und ließ es in der Ebene von Babel aufstellen. Alle mußten niederfallen und das goldene Standbild anbeten. Wer es nicht anbetete, sollte in einen glühenden Feuerofen geworfen werden. Da fielen die Männer aus allen Völkern, Nationen und Sprachen sogleich nieder und beteten das goldene Standbild an. Aber die Juden verehrten das Standbild nicht, und drei von ihnen wurden vor dem König angeklagt.
Da befahl Nebukadnezzar voll Zorn und Wut, die drei Männer herbeizuholen. Der König drohte ihnen, aber sie beteten das Standbild nicht an. Sie sagten: Auch wenn unser Gott uns nicht aus deiner Hand rettet, König, sollst du wissen: Auch dann verehren wir deine Götter nicht und beten das goldene Standbild nicht an, das du errichtet hast.
Da wurden die Männer in den glühenden Feuerofen geworfen. Der Ofen war siebenmal stärker geheizt worden als gewöhnlich, und sie fielen gefesselt in den glühenden Feuerofen. Doch gingen sie mitten in den Flammen umher, lobten Gott und priesen den Herrn. Sie sangen wie aus einem Mund:

Gepriesen bist du, Herr,
du Gott unserer Väter, gelobt
und gerühmt in Ewigkeit.
Denn du hast uns der Unterwelt entrissen und aus
der Gewalt des Todes errettet.
Du hast uns aus dem
lodernden Ofen befreit, uns
mitten aus dem Feuer erlöst.
Dankt dem Herrn,
denn er ist gut,
und ewig währt seine Güte.

Da erschrak der König Nebukadnezzar und rief: Ihr Diener des höchsten Gottes, steigt heraus! Da stiegen sie aus dem Feuer heraus. Und der König sagte: Gepriesen sei der Gott dieser drei Männer! Es gibt keinen anderen Gott, der auf diese Weise retten kann.

▷ *Feuer* ▷ *Engel*

Menschen der Bibel

Stammväter (Patriarchen)

Abraham, der Freund Gottes
Isaak · Jakob · Josef

Große Führer des Volkes

Mose, der Mann Gottes
Josua, Nachfolger des Mose
Gideon, Richter in Israel
Samuel, Richter in Israel

Könige

Saul, der erste König
David, der große König
Salomo, der weise König

Die vier großen Propheten

Jesaja · Jeremia
Ezechiel · Daniel

Jesus Christus

der neue Mose
der König und Prophet
Gottes Sohn
Immanuel (Gott mit uns)

Apostel des Herrn
Jesus Christus

Petrus und Andreas
Jakobus und Johannes
Paulus und Barnabas

Stammväter Israels

Abraham wird bei Juden, Christen und Moslems „der Vater des Glaubens“ genannt.

Der Herr sprach zu Abraham: Zieh weg aus deinem Land, aus deiner Heimat und aus deinem Vaterhaus in das Land, das ich dir zeigen werde! Ich werde dich zu einem großen Volk machen, dich segnen und deinen Namen groß machen. Durch dich sollen alle Geschlechter der Erde Segen erlangen.
Da zog Abraham weg, wie der Herr ihm gesagt hatte; er nahm seine Frau Sara, seinen Neffen Lot, all seine Habe und sein Gesinde mit. Er wanderte nach Kanaan und durchzog das Land. Bei Sichem erschien der Herr dem Abraham und sprach: Deinen Nachkommen gebe ich dieses Land.
Abraham ließ sich schließlich bei den Eichen von Mamre in Hebron nieder. Dort und an anderen Orten erbaute er dem Herrn einen Altar.
Als Abraham schon alt war, erging das Wort des Herrn an ihn: Fürchte dich nicht, Abraham, ich bin dein Schild. Dein Lohn wird sehr groß sein. Abraham antwortete: Herr, was willst du mir geben? Ich gehe doch kinderlos dahin. Du hast mir ja keine Nachkommen gegeben. Da führte ihn Gott vor sein Zelt hinaus und sprach: Sieh doch zum Himmel hinauf und zähle die Sterne, wenn du sie zählen kannst. So zahlreich werden deine Nachkommen sein. Abraham glaubte dem Herrn, und der rechnete es ihm als Gerechtigkeit an.
In hohem Alter wurde Abraham nach der Verheißung des Herrn ein Sohn geboren. Abraham nannte den Sohn, den ihm Sara gebar, Isaak. Sara sagte: Gott ließ mich lachen; jeder, der davon hört, wird mitlachen.
Als aber Isaak herangewachsen war, stellte Gott Abraham auf die Probe. Er sprach zu ihm: Abraham! Er antwortete: Hier bin ich! Gott sprach: Nimm deinen Sohn, deinen einzigen, den du liebst, Isaak, geh in das Land Morija und bringe ihn dort auf einem der Berge, den ich dir nenne, als Brandopfer dar!
Frühmorgens stand Abraham auf, sattelte seinen Esel, nahm seine beiden Jungknechte und seinen Sohn Isaak, spaltete Holz zum Opfer und machte sich auf den Weg. Am dritten Tag erhob Abraham seine Augen und sah den Ort von weitem. Da sagte Abraham zu seinen Jungknechten: Bleibt hier beim Esel! Ich und der Knabe, wir wollen dorthin gehen und anbeten, dann kommen wir zu euch zurück.

Isaak trug das Holz für das Brandopfer, Abraham nahm das Feuer und das Messer. Nach einer Weile sagte Isaak: Vater, hier ist Feuer und Holz. Wo aber ist das Lamm für das Brandopfer? Abraham entgegnete: Gott wird sich das Opferlamm ausersehen, mein Sohn. Als sie an dem Ort ankamen, baute Abraham den Altar, schichtete Holz auf, fesselte seinen Sohn Isaak und legte ihn auf den Altar, oben auf das Holz. Schon streckte Abraham seine Hand aus und nahm das Messer, da rief ihm der Engel des Herrn zu: Abraham, tu dem Knaben nichts zuleide! Jetzt weiß ich, daß du gottesfürchtig bist. Du hast mir deinen einzigen Sohn nicht vorenthalten. Weil du das getan hast, will ich dich reichlich segnen und deine Nachkommen zahlreich machen wie die Sterne des Himmels und die Sandkörner am Meeresstrand.
Als Abraham aufschaute, sah er einen Widder; er hatte sich hinter ihm mit seinen Hörnern im Gestrüpp verfangen. Er nahm ihn und brachte ihn statt seines Sohnes zum Brandopfer dar. Darauf kehrte Abraham mit Isaak zu den Jungknechten zurück. (Aus Gen 12–22)

▷ *Abraham* ▷ *Patriarchen*

Isaak hatte zwei Söhne, Esau und **Jakob.** Jakob trägt auch den Namen „Israel", d. h. „Gottesstreiter".

Nach **Jakobs zwölf Söhnen** sind die zwölf Stämme Israels benannt. Einer von ihnen war Josef, den seine Brüder nach Ägypten verkauften.

Mose, Führer und Retter seines Volkes

Josef in Ägypten war gestorben, und ein fremder Pharao bedrängte die Israeliten.
Gott berief Mose zu ihrem Führer und Retter.
Er führte das Volk durch die Wüste zum Gelobten Land.

In das Land Kanaan durfte Mose sein Volk nicht geleiten. Mose aber sagte zu seinem Volk: Einen Propheten wie mich wird dir der Herr, dein Gott, aus deiner Mitte, unter deinen Brüdern, erstehen lassen. Auf ihn sollt ihr hören.

▷ *Mose* ▷ *Pascha* ▷ *Bund* ▷ *Kanaan*

Vom Berg Nebo im Ostjordanland zeigte ihm Gott das ganze Land. Dann starb Mose.
Das Alte Testament sagt von ihm: Niemals wieder ist in Israel ein Prophet aufgetreten wie Mose. Ihn hat der Herr Auge in Auge berufen.

Josua führte das Volk über den Jordan ins Land Kanaan. Mose hatte ihn dazu eingesetzt. Er hatte ihm versichert: Der Herr selbst zieht vor dir her. Er ist mit dir. Er läßt dich nicht fallen und verläßt dich nicht. Du sollst dich nicht fürchten und keine Angst haben.
Die Bibel erzählt von Josua:
Er führte das Volk trockenen Fußes durch den Jordanfluß ins Gelobte Land.
Er eroberte die starke Festung Jericho und andere Städte in Kanaan.

Er verteilte das Land unter die Stämme Israels.

Schließlich versammelte Josua bei Sichem das ganze Volk und erneuerte mit ihm den Bund mit Gott.

Er sagte zu ihnen: Entscheidet euch heute, wem ihr dienen wollt! Ich aber und meine Familie, wir wollen dem Herrn dienen. Das Volk antwortete: Auch wir wollen dem Herrn dienen, denn er ist unser Gott. (Jos 24)

Könige an Gottes Stelle

Als die Stämme Israels in Kanaan seßhaft geworden waren, hatten sie lange Zeit keinen König. Sie hielten nur zusammen, wenn Feinde von außen sie bedrohten, und große Männer – wie Gideon oder Samuel – führten sie in den Kampf. Solche Anführer nannte man Richter. Aber schließlich wollte das Volk einen König haben: (1 Sam 8, 20)

„Wir wollen wie alle anderen Völker sein! Ein König soll über uns herrschen, er soll vor uns herziehen und unsere Kriege führen."

Da salbte Samuel den **Saul** zum König. Er wurde ein tapferer Kämpfer gegen die Philister, aber die Treue zu Gott hielt er nicht. Als ihn der Herr verwarf, wurde Saul sehr niedergeschlagen. Damals wurde David an den Hof Sauls geholt, damit er den König mit seinem Harfenspiel froh machen konnte.
Seitdem David den Goliat getötet hatte, war Jonatan, Sauls Sohn, sein bester Freund. Er hielt ihm auch die Treue, als sein Vater anfing, David zu verfolgen, weil er merkte: Das Volk liebt David mehr als mich und will ihn zum König haben. Schließlich kamen Saul und Jonatan in einer Schlacht gegen die Philister um.
Jetzt wurde **David** König über alle zwölf Stämme Israels. Auch ihn hatte noch der alte Samuel gesalbt.
David holte die Bundeslade Gottes aus Sichem in seine neue Hauptstadt Jerusalem. So machte er die Stadt zum Mittelpunkt des ganzen Landes. Er gedachte sogar, Gott in Jerusalem ein Haus, einen Tempel, zu bauen. Da kam zu ihm der Prophet Natan und sagte:

Der Herr verkündet dir: Ich werde dir ein Haus bauen. So spricht der Herr: Dein Haus und deine Herrschaft sollen durch mich auf ewig Bestand haben; dein Thron wird für immer bestehen bleiben. (Aus 2 Sam 7)

Als David alt geworden war, empörte sich sein Sohn Abschalom gegen ihn und wollte König sein. David mußte fliehen und der junge Abschalom kam bei der Verfolgung seines Vaters ums Leben. Jetzt wurde Davids Sohn Salomo König, und David konnte in Frieden sterben.

Salomo baute für den Herrn einen prachtvollen Tempel auf dem Berg Zion in Jerusalem. Nach Salomo zerbrach das Reich Davids in zwei Teile. Das Nordreich Israel ging durch die Assyrer unter, das Südreich Juda durch die Babylonier. Seitdem hatten die Juden kein mächtiges Reich mehr in Kanaan. Jahrhundertelang herrschten fremde Völker über sie; Perser, Griechen und Römer regierten nacheinander im Lande. Immer stärker hoffte das Volk auf Erlösung aus der Knechtschaft. Die Juden erwarteten einen neuen Gesalbten, einen neuen David.

Der „Gesalbte" heißt auf hebräisch Messias, auf griechisch Christus. ▷ *David*

Jesus, der Christus

Der Evangelist Lukas schreibt:

Als der Engel Maria die Botschaft brachte, sagte er über Jesus, ihren Sohn: Er wird groß sein und Sohn des Höchsten genannt werden. Gott, der Herr, wird ihm den Thron seines Vaters David geben. Er wird über das Haus Jakob in Ewigkeit herrschen, und seine Herrschaft wird kein Ende haben.

Als Maria ihre Base Elisabet besuchte, wurde diese vom Heiligen Geist erfüllt und rief mit lauter Stimme: Gesegnet bist du vor allen Frauen, und gesegnet ist die Frucht deines Leibes. Wer bin ich, daß die Mutter meines Herrn zu mir kommt?

Als Jesus geboren war, verkündete der Engel die Frohe Botschaft: Heute ist euch der Retter geboren in der Stadt Davids; er ist der Christus, der Herr.

Der Evangelist Mattäus schreibt:

Als die Weisen aus dem Morgenland dem Stern folgten, fragten sie in Jerusalem: Wo ist der neugeborene König der Juden? Wir haben seinen Stern aufgehen sehen und sind gekommen, ihm zu huldigen.

Als Jesus in Jerusalem einzog, riefen die Volksmassen: Hosanna dem Sohn Davids! Gepriesen sei er; er kommt im Namen des Herrn!

Als Jesus vor dem Hohenpriester stand, fragte dieser: Ich beschwöre dich bei dem lebendigen Gott, sag uns: Bist du der Messias, der Sohn Gottes?

Der Evangelist Johannes schreibt:

Als Jesus gekreuzigt wurde, ließ Pilatus am Kreuz die Inschrift anbringen: Jesus von Nazaret, der König der Juden.

In Jesus Christus hat in der Geschichte des Gottesvolkes der Neue Bund begonnen. Jesus ist der neue Mose und der neue David. Er ist der große Prophet, der Messias und Gottessohn.

Seine Apostel sind die zwölf Stammväter des neuen Gottesvolkes, der Kirche.

▷ *Jesus*

Petrus, Fels der Kirche

Petrus schrieb in einem Brief an die Christen:

Ihr seid ein auserwähltes Geschlecht, eine königliche Priesterschaft, ein heiliger Stamm, ein Volk, das Gottes Eigentum wurde. Ihr sollt die großen Taten dessen verkünden, der euch aus der Finsternis in sein wunderbares Licht gerufen hat. Einst wart ihr nicht sein Volk; jetzt aber seid ihr Gottes Volk. (1 Petr 2, 9–10)

Jesus Christus sandte seine Boten in alle Welt: Petrus und die übrigen Apostel, die mit ihm zusammen gewesen waren von der Taufe des Johannes bis zu den Tagen seiner Kreuzigung und Auferstehung.
Sie hatten die Kraft des Heiligen Geistes empfangen und sollten seine Zeugen sein in Jerusalem und in ganz Judäa und Samaria und bis an die Grenzen der Erde.

Petrus verkündete zusammen mit den übrigen Aposteln den Leuten, die in Jerusalem zum Pfingstfest versammelt waren:

„Israeliten, hört diese Worte: Jesus, den Gott durch Machttaten, Wunder und Zeichen vor euch beglaubigt hat, habt ihr ans Kreuz geschlagen und umgebracht. Gott aber hat ihn auferweckt und vom Tod befreit. Dafür sind wir alle Zeugen. Mit Gewißheit erkenne das ganze Haus Israel: Gott hat ihn zum Herrn und Christus gemacht, diesen Jesus, den ihr gekreuzigt habt.“ (Aus Apg 2, 14–36)

Petrus leitete die Christengemeinde in Jerusalem. Er wurde dort ins Gefängnis geworfen und sollte getötet werden; die Gemeinde betete Tag und Nacht für ihn. Da wurde er durch Gottes Macht wunderbar befreit und entkam. Später wirkte Petrus in Antiochien in Syrien; er kam schließlich nach Rom, in die Hauptstadt des römischen Weltreiches. Dort starb er in der ersten großen Christenverfolgung unter Kaiser Nero. Über seinem Grab am vatikanischen Hügel erbaute Kaiser Konstantin die Peterskirche. Dort, im Vatikan, wohnt auch heute der Nachfolger des heiligen Petrus, der Bischof von Rom. Er ist als Papst das Oberhaupt der ganzen katholischen Kirche in aller Welt.

▷ *Petrus*

Paulus, der Jude, verkündet den Heiden Christus, den Gekreuzigten

Ein Jude aus der Stadt Tarsus, mit dem hebräischen Namen Saul und dem griechischen Namen Paulus (d. h. der Kleine), war in Jerusalem ein wütender Gegner der Christengemeinde. Er hielt es für unmöglich, daß der gekreuzigte Jesus wirklich der Messias sei.
Als er nach Damaskus reiste, um auch dort die Christen zu verfolgen, widerfuhr ihm etwas ganz Unerwartetes. Lukas erzählt in der Apostelgeschichte:

Ein Licht vom Himmel umstrahlte ihn, er stürzte zu Boden und hörte eine Stimme sagen: Saul, Saul, warum verfolgst du mich? Er antwortete: Wer bist du, Herr? Und er hörte die Antwort: Ich bin Jesus, den du verfolgst. Steh auf und geh in die Stadt; dort wird dir gesagt werden, was du tun sollst.

Paulus ließ sich in die Stadt bringen; er sah nichts, aß nichts und trank nichts. Nach drei Tagen kam zu ihm ein Jünger Jesu namens Hananias, und Paulus wurde getauft. Jetzt war er selber ein Christ. (Apg 9, 1–19)

Paulus wurde der größte Glaubensbote der Kirche. Zuerst wirkte er zusammen mit Barnabas in Antiochien in Syrien und auf der Insel Zypern. In großen Missionsreisen durchzog er Kleinasien (die heutige Türkei) und brachte schließlich die Frohe Botschaft von Jesus Christus nach Europa, zuerst nach Griechenland, dann auch nach Rom zu der Gemeinde, die es dort schon gab.
Paulus mußte zu seinem großen Schmerz an vielen Orten die Erfahrung machen: Wenn ich Juden predige, nehmen sie meine Botschaft oft nicht an. Aber viele Heiden werden gläubig und bekehren sich zu Christus.
Paulus schrieb viele Briefe an die Gemeinden, die er gegründet hatte und die er nicht immer wieder besuchen konnte. Im Neuen Testament sind Briefe von ihm gesammelt.

Auch Paulus starb in Rom während der Verfolgung des Kaisers Nero. Sein Grab zu Rom ist in der Kirche „St. Paul vor den Mauern".

Viele Texte – eine Botschaft

Ein Lobgesang . . .

Jauchzt vor dem Herrn,
alle Länder der Erde!
Dient dem Herrn mit Freude!
Kommt vor sein Antlitz
mit Jubel!
Erkennt: Der Herr allein ist
Gott.
Er hat uns geschaffen,
wir sind sein Eigentum,
sein Volk und die Herde
seiner Weide.

(PS. 100, 1–3)

. . . und Sprichwörter

Sag nicht: Wie er mir
getan hat, so will auch
ich ihm tun. Einem
jeden will ich vergelten
nach seinen Taten.

Hat dein Feind Hunger,
so gib ihm zu essen, hat
er Durst, gib ihm zu
trinken;
so bringst du glühende
Kohlen auf sein Haupt,
und der Herr wird es
dir vergelten.

(Spr 24, 29, 25, 21–22)

Die Bibel erzählt vieles: von Abraham, von Mose, von David, von Jesus Christus. Sie enthält auch Lieder wie die Psalmen; sie enthält Geschichten, die Jesus und andere vor ihm zur Belehrung erzählt haben; sie enthält Gesetze der Juden, Briefe der Apostel und vieles mehr. Sie ist eigentlich nicht ein einzelnes Buch, sondern eine Sammlung von Büchern, eine ganze Bibliothek.
Das Alte Testament umfaßt 46 einzelne Teile, das Neue Testament 27. Das Alte Testament ist hebräisch geschrieben, das Neue griechisch.
Viele Menschen haben in der Bibel ihre Erfahrungen mit Gott aufgezeichnet. Sie wurden von Gott angetrieben, die Frohe Botschaft niederzuschreiben, wie Gott mit seinem Volk war und ist und bleiben will. Jeder schrieb davon auf seine Weise. So enthält die Bibel in menschlichen Worten die Offenbarung Gottes, Gottes Wort. Die Kirche hat die Aufgabe, diese Offenbarung den Menschen immer wieder zu verkünden und zu erklären: Die Bibel ist das Buch der Kirche. Wer sie gut verstehen will, muß auch davon wissen, wie die Menschen damals lebten und dachten, als die Bibel geschrieben wurde. Am besten kann einer die Bibel lesen, wenn er hebräisch oder griechisch versteht. Alle anderen brauchen eine Übersetzung.

Was ist die beste Bibelübersetzung? fragte einmal einer in einer Runde von Leuten, die davon etwas verstanden. Da wurden viele Übersetzungen genannt, denn die Bibel ist oft von klugen Leuten ins Deutsche übersetzt worden. Schließlich sagte einer: Die beste Bibelübersetzung ist die von meiner Mutter. Sie kann nicht Hebräisch oder Griechisch. Aber sie hat die Bibel ins Leben übersetzt.

Die Kirche gibt die Botschaft weiter

Nicht nur die Bibel kann uns zu Gott führen. Auch gute Menschen können es tun. Große Männer und Frauen haben zu allen Zeiten in Wort und Schrift von Gott und Christus gepredigt. Immer gab es heilige Menschen, die durch ihr ganzes Leben anderen zeigten: Gott lebt. Christus wirkt in den Menschen.

Die großen Lehrer der Kirche sind unsere „Väter" im Glauben. Sie heißen auch Kirchenväter und Kirchenlehrer.

Ambrosius,
der Bischof von Mailand,

Augustinus,
der große nordafrikanische Bischof,

Hieronymus,
der Bibelgelehrte von Betlehem,

Gregor der Große,
Papst und Schützer von Rom.
Diese vier heißen
die großen abendländischen Kirchenlehrer.
Die Kirche hat die Frohe Botschaft kurz zusammengefaßt im Apostolischen Glaubensbekenntnis, ausführlicher in den Büchern, die man Katechismus nennt. In ihnen ist der überlieferte Glaube der Kirche ausgesprochen – alles Wichtige, was die Kirche im Auftrag Christi lehrt.

▷ *Katechismus*

Worte aus dem Katechismus von 1955

Wir sind auf Erden, um Gott zu erkennen, ihn zu lieben, ihm zu dienen und einst ewig bei ihm zu leben.

Wie man glaubt, so lebt man.
Wie man lebt, so stirbt man.
Wie man stirbt, so bleibt man.

Die Legende von Christophorus

Nicht in der Bibel stehen die vielen Lebensbeschreibungen von heiligen Menschen, die Jesus Christus nachgefolgt sind und ihm so ähnlich geworden sind, daß ihr Leben auch eine Frohe Botschaft ist. Nicht in der Bibel stehen auch die Geschichten, die von manchen Heiligen erzählt werden, obwohl sie so nicht geschehen sind. Diese Geschichten heißen Legenden; sie sind nicht geschehen und doch wahr – z. B. die Geschichte von Christophorus, oder die Legende von der heiligen Dorothea, S. 131.

Es gab einmal einen Riesen von gewaltiger Größe, der war schrecklich stark, und darum wollte er nur dem mächtigsten König in der Welt dienen; alles andere war ihm zu wenig. Der Riese hieß Christophorus. Er fand den mächtigsten König und diente ihm an seinem Hof. Aber eines Tages sang vor dem König ein Spielmann sein Lied, und als darin vom Teufel die Rede war, schlug der König ein Kreuz. Christophorus merkte, daß der König den Teufel fürchtete und dachte sich: Also muß der Teufel mächtiger sein als mein König. Er machte sich auf, suchte den Teufel und fand ihn in einer Einöde mitten in einer Schar von Rittern; er war wild und schrecklich anzusehen. Christophorus wurde sein Knecht und zog fortan mit ihm.

Einmal, als sie auf einer Straße an einem Wegkreuz vorüberkamen, machte der Teufel einen weiten Umweg durchs Feld. Da merkte Christophorus, daß der Teufel sich vor dem Kreuz Christi fürchtete und sagte sich: Also habe ich den größten Fürsten der Welt noch nicht gefunden. Er machte sich auf, Christus zu suchen, fand ihn aber nirgends. Ein Einsiedler schließlich sagte ihm: Wenn du Christus dienen willst, so setze dich an diesen breiten und tiefen Fluß und trage die Menschen darüber, denn du bist groß und stark. So wirst du Christus, dem König, gefallen.

Und so blieb Christophorus dort, baute eine Hütte, nahm eine riesige Stange zur Hand und trug die Menschen über den reißenden Fluß, hinüber und herüber. Einmal aber hörte er eine Kinderstimme rufen: Christophorus, trag mich hinüber. Er ging hinaus, sah aber niemand. Es rief ein zweites Mal und ein drittes Mal; da endlich sah er das Kind, nahm es auf seine Schulter, ergriff seine Stange und ging durchs Wasser. Aber das Kind wurde auf seiner Schulter schwer und immer schwerer, nur mit letzter Kraft konnte er es hinübertragen. Am anderen Ufer sagte das Kind zu ihm: Ich bin Christus, dein König, dem du mit deiner Arbeit dienst. Nimm deinen Stab und stoße ihn in die Erde, morgen wird er grünen und blühen und Frucht tragen. Damit verschwand das Kind, aber am anderen Morgen blühte der Stab des Christophorus und trug süße Früchte.

Leben: Gabe und Aufgabe

Hoffnung gibt Mut

Bernhard ist krank. Aber das merkt ihm keiner an. Er lacht und spielt und tobt und schimpft, wie die andern Kinder auch. Nur die Bekannten von Bernhards Familie wissen, wie viele Sorgen sich die Eltern und der Großvater um Bernhard machen. Er bekommt nämlich manchmal in der Nacht schlimme asthmatische Anfälle. Dann sitzt seine Mutter am Bett und weint. Einmal hat sein Vater schon gemeint: Jetzt ist unser Bernhard erstickt, jetzt ist er tot.
Die Eltern waren mit Bernhard schon bei vielen Ärzten, aber keiner konnte helfen. Dennoch hoffen sie weiter: Vielleicht finden wir einen Arzt, der ein neues Mittel kennt, eine neue Methode, eine neue Kur gegen Asthma?
Eines Tages liest der Großvater in der Zeitung ein Inserat: „In einem Heilbad an der Nordsee wurde eine Spezialklinik zur Behandlung asthmatischer Erkrankungen eröffnet.“ Die Mutter sagt: „Voriges Jahr waren wir mit Bernhard an der Ostsee – vergebens. Danach waren wir im Gebirge – vergebens. Ob wir es jetzt einmal an der Nordsee versuchen sollen?“ Der Vater ist skeptisch. Der Großvater sagt zu den Eltern: „Fahrt ihr mal alleine in Ferien. Ich packe mir Berni ins Auto und reise mit ihm an die Nordsee in die neue Klinik. Wer weiß, vielleicht klappt es diesmal!“

Beim Essen. – Die Familie sitzt am Mittagstisch. Die Stimmung ist mies, keiner spricht, keiner lacht. Der Vater kommt. „Was ist denn los?“ fragt er. „Renate hat eine Fünf in der Mathe-Arbeit“, sagt die Mutter. „Wie immer“, fügt Renates Bruder hinzu. „Hoffnungsloser Fall“, stellt Renates Schwester fest. Der Vater steht auf und geht auf Renate zu. Jetzt haut er ihr eine runter, denken alle. Aber der Vater streichelt ihr sanft über den Kopf und sagt: „Nimm's nicht tragisch, Kindchen. Es kommt im Leben auf mehr an als auf das große Einmaleins.“

Die Wörter Hoffnung, hoffen, hoffentlich kommen beim Schreiben und Sprechen oft vor. Daran kann man merken, daß HOFFEN zum Leben gehört wie Gehen und Stehen, Schlafen und Essen, Arbeiten und Spielen, Lieben und Glauben. Könnten wir nicht hoffen, wären wir arm dran.

In der Hoffnung auf ein baldiges Wiedersehen grüßt Dich herzlich Dein Franz. – Mir geht es gut, was ich auch von Dir erhoffe. – Hoffentlich gut versichert! – Du bist meine letzte Hoffnung.– Na, das wollen wir aber schwer hoffen. – Er gibt die Hoffnung nicht auf. – Gott ist unsere Hoffnung. – Ich hatte gehofft, Du kämst zu meiner Geburtstagsfeier. – Glaube, Hoffnung und Liebe. – Die Frau ist in Hoffnung; ist „guter Hoffnung“. – Hoffentlich wird Bernhard wieder gesund. – Für den Kranken besteht kaum noch Hoffnung. – Unverhofft kommt oft.

Manche Hoffnungen erfüllen sich; dann ist man froh. Manche Hoffnungen und Wünsche erfüllen sich nicht; auch das gehört zum Leben. Wenn jemand vergebens auf etwas gehofft hat, dann sagt er manchmal:

Pech gehabt. – So ein Pech! – Was bin ich doch für ein Pechvogel. – Da bin ich aber enttäuscht; du hast mich enttäuscht. – Na, dann auf ein neues! – Vielleicht klappt’s beim nächsten Mal? – Ich bin sauer. – Ich bin am Boden zerstört. – Meine Rechnung ist nicht aufgegangen. – Man kann sich auf keinen verlassen. – Jetzt bin ich um eine Hoffnung ärmer.

Jesus sagte zu seinen Jüngern: Ich sage euch: Sorgt euch nicht um euer Leben und darum, daß ihr etwas zu essen habt, und nicht um euren Leib und darum, daß ihr etwas anzuziehen habt. Das Leben ist wichtiger als die Nahrung und der Leib wichtiger als die Kleidung. Seht die Raben: Sie säen und sie ernten nicht, sie haben keinen Speicher und keine Scheune – Gott ernährt sie. Wieviel mehr seid ihr wert als die Vögel! (Mt 6, 25–26)

Hoffnung auf eine neue Zukunft

Am Rande einer großen Steppe lagen zwei Dörfer mit Namen Nahblick und Weitblick, deren Bewohner einst fast verhungert wären, weil mehrere Jahre kein Regen gefallen und infolgedessen nichts gewachsen war, wovon sie sich hätten ernähren können.

Da beschlossen die Leute eines Tages, ihre Dörfer zu verlassen und von der Steppe weg weit hinaus ins Land zu wandern.

Sie kamen, fast tot vor Erschöpfung, nach langem Marsch an den Rand eines Flusses, wo sie weit verstreute Hütten vorfanden, in denen Fischer lebten. Mit letzter Kraft schleppten sich die Leute von Nahblick zu der am nächsten gelegenen Fischerhütte und baten jämmerlich, man möchte ihnen doch um Gottes willen etwas zu essen geben. Die Fischer, die selber arm waren, gaben ihnen Brot und Fische, so viel sie für den Augenblick entbehren konnten, und die Leute von Nahblick aßen sich satt. Am folgenden Tag hatten sie wieder Hunger, und sie baten die Fischer erneut. „Nur heute noch", sagten die Fischer, und teilten ein zweites Mal mit ihnen und machten am dritten Tag wahr, was sie angekündigt hatten: Die bittenden Leute gingen leer aus. Nach wenigen weiteren Tagen waren sie alle vor Hunger gestorben.

Anders erging es den Männern und Frauen von Weitblick. Sie waren an eine andere Gruppe von Fischern geraten und baten diese ebenfalls, ihnen doch um Gottes willen etwas zu essen zu geben. Die Fischer antworteten: „Wir haben selber nicht viel. Indessen: Wir wollen euch zeigen, wie man Fische fängt. Der Fluß ist fischreich, wir leihen euch Netze und Boote, versucht es allemal." Die Leute von Weitblick versuchten ihr Glück, und nachdem sie am ersten und zweiten Tag wegen ihrer Ungeschicklichkeit keine nennenswerte Beute machten, fingen sie fortan so viel, daß es ihnen gelang, in Zukunft selber davon zu leben und in Tausch und Handel bald Brot und Wein, Kleider und Möbel zu kaufen, so daß sie am Flusse seßhaft werden konnten.

Eine Verheißung, die sich erfüllt hat.
Wir feiern sie am Weihnachtsfest:

Seht, die Jungfrau wird empfangen, einen Sohn wird sie gebären, und man wird ihm den Namen Immanuel geben, das heißt übersetzt: Gott ist mit uns. (Mt 1, 23)

Das Volk, das im Dunkel lebt, sieht ein helles Licht; über denen, die im Land der Finsternis wohnen, leuchtet ein Licht auf: Denn uns wurde ein Kind geboren, ein Sohn wurde uns geschenkt. Die Herrschaft liegt auf seiner Schulter, und man nennt ihn: „Wunderbarer, Ratgeber, starker Gott, Vater in Ewigkeit und Friedensfürst." Seine Herrschaft ist groß, und der Friede hat kein Ende. (Jes 9, 1–6)

Eine Verheißung, die sich erfüllt hat.
Wir feiern sie am Osterfest:

Während sie auf dem Weg nach Jerusalem waren, rief Jesus die Zwölf zu sich und erklärte ihnen, was ihm bevorstehe. Er sagte: Wir gehen jetzt hinauf nach Jerusalem, dort wird der Menschensohn den Hohenpriestern und Schriftgelehrten ausgeliefert; sie werden ihn zum Tod verurteilen und den Heiden übergeben; sie werden ihn verspotten, anspucken, auspeitschen und töten. Aber nach drei Tagen wird er auferstehen. (Mt 20, 17–19)

Eine Verheißung, die sich erfüllen wird:

Der Herr spricht: Ich bin die Auferstehung und das Leben. Wer an mich glaubt, wird leben, auch wenn er stirbt. Jeder, der lebt und an mich glaubt, wird in Ewigkeit nicht sterben. Glaubst du das? (Joh 11, 25–26)

Glück-Wünsche

„Du darfst dir etwas wünschen!“ Das hören Kinder gern. Sie wünschen sich zum Namenstag Spielzeug, zum Geburtstag Bücher, zur Erstkommunion eine Armbanduhr, zu Weihnachten einen Taschenrechner oder ein Fahrrad. – Erfüllte Wünsche machen glücklich, erfüllte Wünsche machen das Leben schöner. Ob es jemand gibt, der keine Wünsche hat?

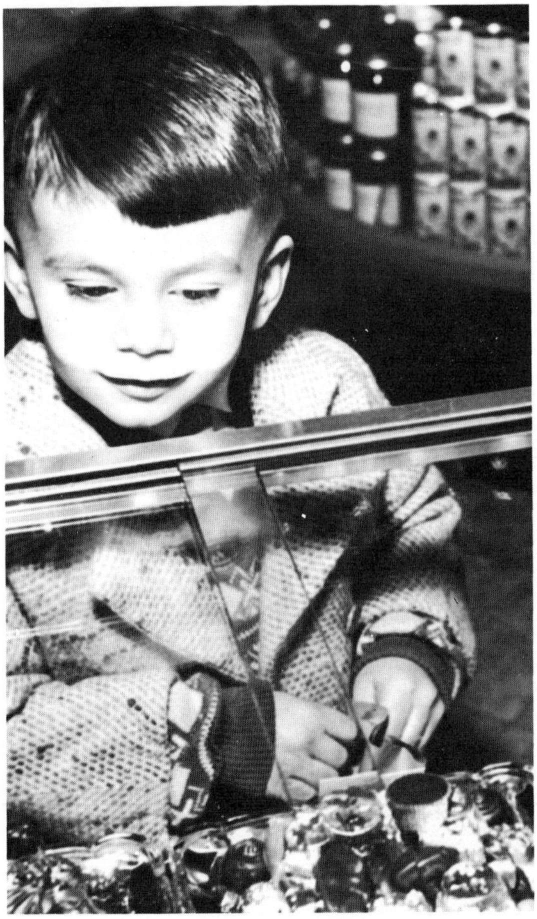

Vom Mann, der alles bekam, was er haben wollte:

Es war einmal ein Mann, der hatte im Wald die rote Wunsch-Wurzel gefunden, und als er sie gegessen hatte, begann er gleich, sich etwas zu wünschen: „Ich möchte ein schönes Haus haben, mit einem großen Garten, einem See, einem Wald, mit Pferden auf der Wiese und . . .“ – und er wünschte immer weiter, und so rasch wie er wünschte, so rasch wuchs alles aus der Erde: ein Landhaus, ein Garten, Weiden, Wälder, See, Pferde, Schwäne, und ehe es Abend war, konnte er in sein neues Haus einziehen.
Die Nacht schlief er besser als in der lauten Stadt. Am Morgen stand er auf und wollte zum Bäcker, um frische Brötchen zu kaufen, zum Metzger, zum Zeitungsladen, zum Zigarrengeschäft, aber sein Haus stand allein, fernab von allen Häusern. Da sprach der Mann: „Jeden Morgen, wenn ich aufstehe, sollen frische Brötchen auf meinem Tisch sein, frische Eier, frische Wurst, frische Radieschen; die Zeitung soll danebenliegen, der Kaffee soll schon gekocht sein, die Vormittagszigarre soll bereitliegen, Streichhölzer und ein sauberer Aschenbecher dabei, alles wie es sich gehört.“
Am nächsten Morgen war alles, wie es sich der Mann gewünscht hatte. Und am übernächsten und am übernächsten Morgen auch. Als aber acht Tage vorüber waren, da war es dem Mann langweilig, daß die Brötchen auf dem Tisch lagen, und er konnte nicht ein paar Worte mit dem Bäcker sprechen; daß die Zeitung dalag, und er konnte sich mit niemandem über die Neuigkeiten unterhalten, die es Tag für Tag zu lesen gab. Also wünschte er sich, der Bäcker und die Zeitungsfrau, der Milchmann und der

Wer kennt das Märchen von den drei Wünschen?

Zigarrenhändler, die Marktfrau und der Metzger, der Postbote und die Verkäuferin sollten jeden Tag kommen, damit er jemanden hätte, mit dem er sich unterhalten könnte.

So kamen sie denn allesamt, aber sie sagten: „Herr, wir sind viele Stunden unterwegs von der Stadt hierher zu Euch, in der Zeit warten unsere Kunden auf das Brot, auf die Zeitung, auf die Milch, auf die Zigarren, auf die Eier, auf das Fleisch, auf die Post, auf die Sachen aus der Reinigung. Es geht nicht an, daß Ihr allein alles gebracht bekommt und die anderen Leute bekommen nichts. Wir tun das nicht mehr länger. Ihr müßt Euer Haus näher an die Stadt bauen."

Nun, so wünschte sich der Mann das Haus näher an die Stadt heran, aber wo er's auch haben wollte: Hier störte ihn Fabriklärm, dort brummten die Flugzeuge zu tief über sein Dach; hier flogen ihm die Dämpfe aus den Schornsteinen der Zeche in die Nase, dort machte ihn der Lärm des Kindergartens verrückt; hier war ihm die Lage des Gartens zu eben, dort zu abschüssig; hier hatte er zu viel Sonne, dort zu wenig.
So gingen alle Tage und die Wochen und die Monate und die Jahre dahin. Der Mann stand jeden Morgen früher auf und ging jeden Abend später zu Bett, damit er nur ja viele Stunden am Tag zum Wünschen hätte, er hatte kaum Zeit zum Essen, zum Trinken, zum Lesen, geschweige zum Singen, zum Spielen, zum Tanzen, zum Wandern, Bilder anzuschauen oder Bilder zu malen, mit jemandem zu reden oder jemandem zuzuhören, er hatte nicht mal mehr Zeit zum Denken, immer mußte er wünschen, wünschen, wünschen. So sehr er sich auch einredete, jetzt habe er alles und jetzt sei's genug: Er konnte das Wünschen nicht mehr lassen.
Eines frühen Morgens rannte er in den Wald, wo er die rote Wunsch-Wurzel gefunden hatte und sprach: „Ich bekomme zwar alles, was ich haben will, aber ich bin der unglücklichste Mensch, den es auf der Welt gibt. Dies nun soll mein letzter Wunsch sein: Ich möchte die grüne Nicht-Wunsch-Wurzel finden, damit ich endlich wieder meinen Frieden habe." Und wie er unter seinen Füßen grub, fand er die grüne Nicht-Wunsch-Wurzel, aß sie mit Behagen und war von da an glücklich, weil er nun wieder seine Hände rühren mußte und ihm nicht länger die gebratenen Tauben in den Mund flogen.

Ein vornehmer Mann fragte Jesus: Guter Meister, was muß ich tun, um das ewige Leben zu gewinnen? Jesus antwortete: Du kennst doch die Gebote: Du sollst nicht die Ehe brechen, nicht töten, nicht stehlen, nicht falsch aussagen, du sollst Vater und Mutter ehren. – Er erwiderte: Diese Gebote habe ich alle von Jugend an befolgt. Als Jesus das hörte, sagte er: Eines fehlt dir noch. Verkauf alles, was du hast, und verteile das Geld an die Armen. Dann komm und folge mir nach. Der Mann aber wurde sehr traurig, als er das hörte, denn er war sehr reich. Jesus sah ihn an und sagte: Wie schwer ist es für Leute, die viel besitzen, in das Reich Gottes zu kommen! Denn eher geht ein Kamel durch ein Nadelöhr, als daß ein Reicher in das Reich Gottes gelangt. (Lk 18, 18–25)

▷ *Gnade*

Jeder spielt verschiedene Rollen

ORTWIN: Ich bin der jüngere Bruder von Felicitas, ich bin der ältere Bruder von Les. Ich bin der Sohn meines Vaters, meiner Mutter. Ich bin der Enkel meiner Großeltern. Ich bin der Vetter meiner Cousinen Elke, Susi und Tanja; ich bin der Vetter meines Vetters Bob. Ich bin der Neffe meiner vielen Onkel und Tanten. Ich bin der Schüler vom Lehrer Bach und von der Lehrerin Haufe. Ich bin das Pfarrkind von Pastor Reckenthäler. Ich bin der Mitschüler von Kurt, Helga, Willi, Beate und all den anderen in meiner Klasse. Ich bin ein Freund von Valentin. Ich bin der Spielkamerad von Lotte, Barbara, Jochem und Wilfried. Ich bin ein Hausbewohner im Haus Kochelstraße 4, ich bin ein Einwohner von Mannheim, ich bin deutscher Staatsbürger. Ich bin Mitglied im FC 1910, ich bin Mitglied im Deutschen Jugendherbergsverband. Ich bin Ministrant, ich singe im Schulchor . . . so viele Rollen muß Ortwin spielen. Vielleicht hat er sogar noch einige vergessen. Er ist zum Beispiel noch: Verkehrsteilnehmer, Verbraucher, Fahrgast, Fußgänger, Milchtrinker, Zeitungsleser . . .

Jeder hat Erwartungen und Vorstellungen: Mein Sohn Ortwin soll dieses, mein Bruder Ortwin soll jenes, mein Freund Ortwin soll das, der Schüler Ortwin soll tun, der Hausbewohner Ortwin soll lassen, der Fußgänger Ortwin soll . . . der Ministrant Ortwin soll nicht . . . Es ist für Ortwin nicht einfach, sich in seinen vielen Rollen richtig zu verhalten – und doch Ortwin zu bleiben.

Manchmal möchte man aus seiner Rolle heraus – in eine andere Rolle. Der Schüler möchte so gerne mal Lehrer sein; wer weiß, vielleicht möchte der Lehrer manchmal wieder gerne Schüler sein. Ein Mädchen möchte manchmal ein Junge sein, der Arbeiter wäre sicher oft gerne der Chef. An den „drei tollen Tagen" zu Fastnacht kann jeder die Rolle spielen, die er am liebsten spielt: die feine Prinzessin, den wilden Cowboy, den mächtigen König, den furchterregenden Räuber, die buntgeschmückte Indianerfrau, das Rotkäppchen aus dem Märchen.

▷ *Pfarrer* ▷ *Priester*

Warum sagt man: Das spielt keine Rolle? Was ist ein Rollenspiel?
Was heißt: Die Schauspielerin muß ihre Rolle lernen; geht ganz in ihrer Rolle auf; hat ihre Rolle verfehlt?
Was heißt die scherzhafte Redewendung: Er spielt die erste Geige?
Wann sagt man: Mit verteilten Rollen sprechen?
Was bedeutet: Er spielt eine untergeordnete Rolle?
Es gibt zwei schwierige Wörter, vielleicht kann sie einer erklären: Rollenklischee – Rollenerwartung.

MAN zieht das an, was andere anziehen
MAN hält für gut, was andere für gut befinden
MAN kauft, was die Werbung anpreist
MAN darf dieses Fußballspiel im Fernsehen nicht versäumen
MAN macht mit, was anderen Spaß macht
MAN läßt sich nichts sagen
MAN kümmert sich hauptsächlich um sich selber
MAN hält seine eigene Meinung grundsätzlich für richtig
MAN meint, was alle meinen
MAN denkt nicht an morgen
MAN paßt sich an

Spielen und mitspielen lassen

Das ist Bella. Und wißt ihr, was „Bella“ heißt? „Die Schöne“! Wenn man Bella genau betrachtet, ist nicht viel Schönes an ihr zu finden. Nicht mal schön angezogen ist sie, und wo Bella wohnt, gibt's kein Badezimmer, so daß Bella manchmal auch nicht besonders schön sauber im Gesicht und an den Armen und Beinen ist. Fast überall, wo Bella aufkreuzt, flüstern die Kinder einander in die Ohren: „Bella kommt. Das Stinktier kommt“. Und dann lassen sie Bella stehen und gehen auseinander.

Eines Sonntags war Bella bei ihrer Tante in der Stadt gewesen. Montags lief sie gleich zu den Kindern; sie hatte von ihrer Tante einen Rock und ein weißes Jäckchen bekommen, und sie hatte bei ihrer Tante fast eine ganze Stunde in einer richtigen Badewanne gebadet. Bella dachte: Jetzt werden sie mich endlich mitspielen lassen! Aber die freche Mirjam sagte: „Stinktiere bleiben Stinktiere“.

Die Kinder der Robert Koch-Straße haben eine tolle Bande gegründet. Sie treffen sich jeden Nachmittag. Meistens spielen sie neben dem großen Parkplatz oder auf dem Wendehammer am Ende der Straße. Willi ist der Chef. Er sagt: „Heute spielen wir Völkerball. Wolfgang und Christa wählen die Mannschaften.“ Nachdem die Mannschaften gewählt sind, ruft er den dicken Eberhard und sagt: „Du schreitest das Spielfeld ab, 6 Schritte in der Breite, 18 in der Länge!“ Und zu Marlies sagt er: „Du gehst hinter Eberhard her und ziehst die Striche!“ – „Womit?“ fragt Marlies. – „Red nicht so viel. Laß dir was einfallen“, antwortet Willi. Willi ist nun mal der Chef.

Jeden Tag weiß Willi, der Chef, ein anderes Spiel. Das ist prima. Eines Tages sagt er: „Heute spielen wir etwas Neues. Wir gehen auf dem Parkplatz von Auto zu Auto und sehen nach, ob irgendwo ein Kofferraum offen ist. Wer einen offenen Kofferraum gefunden hat, meldet es mir. Dann stauben wir ab, was wir brauchen können. Ein paar passen auf, daß der Parkwächter nichts merkt.“

Wolfgang, der sonst immer ganz toll mitspielt, der sagt: „Verdammt, Willi, ich weiß nicht, ob ich dieses Spiel mitspielen soll . . .“

»Regeln«,
über die man sprechen sollte

Wenn Erwachsene sprechen, sollen Kinder nicht dazwischen reden.

Kinder müssen die Küche aufräumen und Geschirr abwaschen.

Kinder sollen im Bus alten Leuten den Platz anbieten.

Kinder sollen früh zu Bett gehen.

Ältere Geschwister sollen jüngeren bei den Hausaufgaben helfen.

Kinder sollen nicht zu lange fernsehen.

Kinder sollen bei Tisch nur reden, wenn sie gefragt werden.

Kinder sollen „bitte" und „danke" sagen.

Kinder sollen beim Grüßen „das rechte Händchen" geben.

Kinder müssen den Teller leer essen.

Messer, Gabel, Schere, Licht taugt für kleine Kinder nicht.

Was Hänschen nicht lernt, lernt Hans nimmermehr.

Was ein Häkchen werden will, krümmt sich beizeiten.

Kinder sollen gern, genau, geschwind gehorchen.

Die Kinder in der Pippi-Langstrumpf-Gruppe kennen viele Spiele. Eins heißt: „Eins-zwei-drei, mein rechter Platz ist frei!" Man kann es auf mehrere Arten spielen. Am interessantesten ist es, wenn die Kinder es „blind" spielen. Ein Kind bekommt die Augen zugebunden und steht in der Mitte. Ringsherum sitzen die anderen Kinder im Kreis. Alle Stühle sind besetzt, nur einer bleibt frei. Das Kind, das links vom freien Stuhl sitzt, ruft: „Eins-zwei-drei, mein rechter Platz ist frei!" Das Kind in der Mitte muß sich dann auf den leeren Stuhl zutasten.

Einmal stand Isolde in der Mitte, mit zugebundenen Augen. Karlpeter hatte den Platz neben dem freien Stuhl. Er rief: „Eins-zwei-drei, mein rechter Platz ist frei!" Isolde erkannte Karlpeter sofort an der Stimme, sie ahnte schon, wohin sie sich vortasten mußte. Aber sie sagte: „Die Kinder sind so laut, ich konnte nicht richtig hören!" Also rief Karlpeter noch einmal, und jetzt war Isolde ganz sicher. Sie ging noch ein bißchen hin und her, als ob sie noch suchen müßte, aber dann schoß sie wie der Blitz auf den leeren Stuhl zu.

Karlpeter war noch schneller. Er zog den Stuhl weg, und als Isolde sich setzen wollte, fiel sie rücklings auf den Po. Sie erschrak sehr und konnte ein paar Sekunden nicht begreifen, was passiert war. Doch dann fing sie an zu schreien, daß alle Kinder aus der Pippi-Langstrumpf-Gruppe aufsprangen, Isolde aufhalfen und auf den Stuhl setzten. Dann erst sahen sie die Bescherung: Sie war mit dem Hinterkopf auf die Stuhlkante geschlagen und blutete stark. Nach und nach hörte Isolde mit Schreien auf. Aber nicht, weil's nicht mehr wehtat, sondern weil sie ohnmächtig geworden war.

Die Gruppenführerin telefonierte sofort nach einem Arzt, und als der Arzt kam, sagte er: „Das scheint mir eine Gehirnerschütterung zu sein, wenn nicht noch etwas Schlimmeres." – „Ein Schädelbruch?" fragte die Gruppenführerin. „Vielleicht, vielleicht auch nicht. Wir müssen sofort den Krankenwagen kommen lassen."

Sie hätten am besten Karlpeter auch gleich mitgenommen, denn er war auch nicht weit weg von einer Ohnmacht. Im Gesicht war er weiß wie ein Blatt Papier.

Verantwortung

Es könnte ja mal sein . . .

– daß die Männer im Stahlwerk ein schlechtes Stück Stahl gemacht hätten – daß der technische Zeichner sich um etwa einen halben Millimeter vertan hätte – daß der Karosseriebauer eine Schweißnaht vermasselt hätte – daß der Mann in der Reifenfabrik einen defekten Reifen geliefert hätte – daß der Prüfer einen Riß im Kolben übersehen hätte – daß der Geselle den Sicherheitsgurt nicht zuverlässig eingebaut hätte – daß der Lehrling vergessen hätte, die Ölwanne zuzuschrauben

. . . dann wäre das Unglück da.

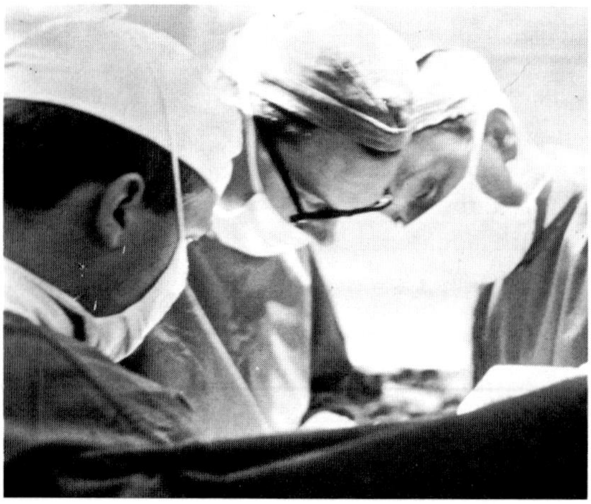

Das Gleichnis vom reichen Mann und vom armen Lazarus

Es lebte einmal ein reicher Mann, der sich in Purpur und feines Leinen kleidete und Tag für Tag sein Leben genoß. Vor der Tür des Reichen aber lag ein Armer namens Lazarus, dessen Leib mit Geschwüren bedeckt war. Er hätte gern seinen Hunger mit dem gestillt, was vom Tisch des Reichen herunterfiel. Sogar die Hunde kamen und leckten an seinen Geschwüren. Als nun der Arme starb, wurde er von den Engeln zu Abraham getragen und erhielt den Platz an seiner Seite. Auch der Reiche starb und wurde begraben. In der Unterwelt, wo er von Schmerzen gepeinigt wurde, blickte er auf und sah von weitem Abraham und an seiner Seite Lazarus. Da rief er: Vater Abraham, hab Erbarmen und schick Lazarus zu mir; er soll seinen Finger ins Wasser tauchen und meine Zunge kühlen, denn ich leide große Qual in diesem Feuer. Abraham erwiderte: Mein Kind, denk daran, daß du im Leben schon alles Gute bekommen hast, Lazarus aber nur Schlechtes. Jetzt wird er dafür getröstet, du aber mußt leiden. Außerdem ist zwischen uns und euch ein tiefer Abgrund, so daß niemand von hier zu euch oder von dort zu uns kommen kann. Da sagte der Reiche: Dann bitte ich dich, Vater, schick ihn in mein Elternhaus! Denn ich habe noch fünf Brüder. Er soll sie warnen, damit nicht auch sie an diesen Ort der Qual kommen. Abraham aber sagte: Sie haben Mose und die Propheten, auf die sollen sie hören. Er erwiderte: Das genügt nicht, Vater Abraham; aber wenn einer von den Toten zu ihnen kommt, dann werden sie umkehren. Darauf sagte Abraham: Wenn sie auf Mose und die Propheten nicht hören, werden sie sich auch nicht überzeugen lassen, wenn einer von den Toten aufersteht. (Lk 16, 19–31)

Ein Mann hatte einen Traum, da ging er und ging, und kam endlich in ein Haus, das zwei große Zimmer hatte. In dem einen saßen an einem Tisch zwölf Leute. In der Mitte des Tisches stand ein Topf mit einer dicken dampfenden duftenden Suppe. Die Leute hatten jeder einen ellenlangen hölzernen Löffel in der Hand, und wie sie sich auch bemühten und fast die Arme verrenkten: sie vermochten den Löffel nicht in den Mund zu führen. Das Jammern war groß, denn man konnte den Tag kommen sehen, da sie alle vor Hunger starben. – In dem anderen Zimmer sah der Träumer zunächst etwas Ähnliches: Auch hier einen Tisch, eine dicke dampfende duftende Suppe, auch hier zwölf Leute mit ellenlangen hölzernen Löffeln. Doch eines war anders, und das war das Entscheidende, das ihnen das Leben rettete: Sie führten, ohne sich im geringsten verrenken zu müssen, jeder dem andern den Löffel zum Munde.

▷ *Gleichnis*

Für andere dasein

Um dem Menschen helfen zu können, reicht der gute Wille oft nicht aus. Vielmehr sind spezielle Fachkenntnisse erforderlich, um wirksam zu helfen. Viele Menschen haben es sich zur Berufsaufgabe gemacht, den Notleidenden, Behinderten, Kranken und Verlassenen beizustehen.
Der Dienst am Mitmenschen ist ihre Lebensaufgabe.

Bekannte Berufe
- Arzt
- Altenpflegerin
- Krankenschwester
- Pfleger
- Krankenwagenfahrer

Weniger bekannte Berufe
- Sozialarbeiter
- Körperbehindertenpädagoge
- Logopädin
- Beschäftigungstherapeutin

Wenn man Menschen mit sozialen Berufen nach ihren Gründen für ihre Berufswahl fragt, so nennen sie verschiedene. Manchmal ist der Monatsverdienst nicht der wichtigste Grund, den sie angeben. Sie sehen im Dienst am Nächsten eine besondere Form des Dienstes an Gott. Alles Gute, was wir für den anderen Menschen tun, hat eine enge Beziehung zu Gott. Das will der Evangelist Mattäus deutlich herausstellen, wenn er schreibt: „Jesus spricht: Was ihr für einen meiner geringsten Brüder getan habt, das habt ihr für mich getan.“

Orientalisches Märchen

Es war einmal ein Lahmer, der wurde morgens von seinen Verwandten vor die Stadt getragen und ans Tor gesetzt, um dort zu betteln. Auch einen Blinden pflegte man an dieselbe Stelle zu geleiten, damit er dort, wo viele Leute aus- und eingingen, um ein Almosen anhalten sollte. Eines Tages sprach der Lahme zu dem Blinden wie folgt: „Blinder Freund, was sollen wir länger hier am Tor sitzen und auf die Gunst und Güte der Leute warten? Laß uns zusammen in die Welt gehen!“ Verwundert fragte der Blinde: „Gehen, sagst du? Gerade du, der du doch lahm bist, kannst doch nicht von Gehen reden, genausowenig wie ich, der ich den Weg nicht sehen könnte!“ Da antwortete der Lahme: „Du könntest mich auf deinen Schultern tragen, so wären deine Beine meine Beine, was sag ich? Unsere Beine! Und ich, von dieser hohen Warte aus, könnte mit meinen, was sag ich? – mit unseren Augen vorzüglich sehen, ob der Weg nach rechts oder links abbiegt, und ich könnte dir, zum Dank dafür, daß du mich trägst – ich wiege immerhin 99 Pfund! – erzählen, wie schön die Welt ist.

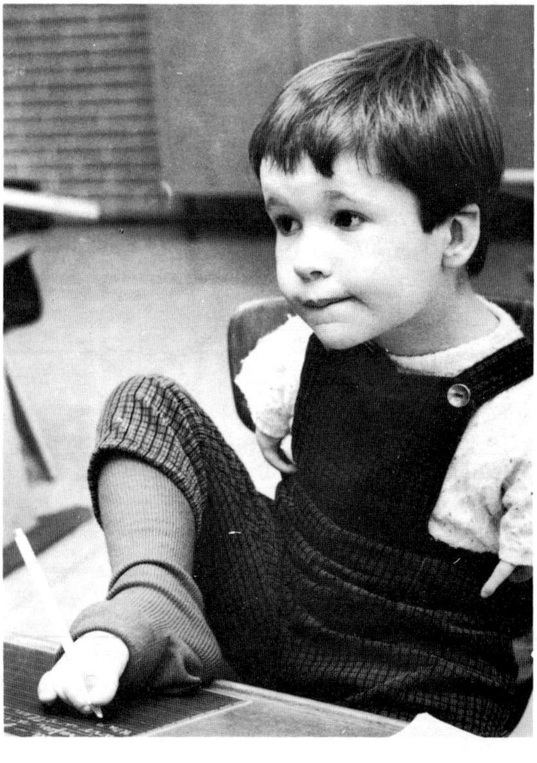

In einer deutschen Großstadt hat der Stadtbaumeister sich eine interessante Aufgabe stellen lassen. Er hat sich in einen Rollstuhl gesetzt, und man hat ihn einen ganzen Tag lang durch die Stadt geschoben. Von der Schwierigkeit, in eine Straßenbahn zu gelangen bis zu der „Kleinigkeit", daß für einen Rollstuhlfahrer alle Klingelknöpfe an den Haustüren zu hoch hängen, hat er alles erfahren, was Behinderte Tag für Tag erfahren müssen. Sicher hat er jetzt bei Beschlüssen über Gebäude- und Straßenbau in seinem Stadtparlament mehr Ahnung als alle andern davon, was einen Behinderten bedrückt.

Sabine, 11 Jahre alt, spastisch gelähmt, lebt zur Zeit in der Spezialklinik einer großen österreichischen Stadt und muß in einem Rollstuhl sitzen. Was Sabine erlebt, schildert sie in einem Aufsatz:

Wenn ich in die Stadt möchte, gibt es oft Schwierigkeiten. Meist geht der Rollstuhl nicht in den Bus oder in die Straßenbahn hinein; die Türen sind nicht breit genug. Dann muß mich meine Begleiterin den ganzen Weg schieben. Aber manchmal kann ich mit dem Spezialwagen der Klinik fahren. Wenn ich mit dem Zug fahren muß, ist es auch nicht angenehm. Wie soll ich denn auf den großen Bahnhöfen mit dem Rollstuhl die vielen Treppen zum Bahnsteig hochkommen? Die Bundesbahn sollte sich dazu etwas einfallen lassen. Bis jetzt werde ich noch mit dem Gepäckaufzug hochgefahren; dann werde ich wie eine Kiste oder ein Paket im Dienstwagen (Gepäckwagen) befördert. Der Rollstuhl paßt eben nicht in die normalen Reisezugwagen hinein.
Viel schlimmer ist etwas anderes. Wenn ich durch die Straßen gefahren werde, kann es sein, daß die Leute sich nach mir umdrehen. Kinder bleiben stehen und fragen: „Guck mal, das arme Mädchen zappelt mit den Händen; was hat es nur?"
Das passiert oft. Eigentlich müßte ich schon daran gewöhnt sein. Aber manchmal werde ich richtig wütend. Wie kann man nur so dumme Fragen stellen? Sicher kann ich nicht so herumlaufen wie sie, aber sonst bin ich ein ganz normales Mädchen wie andere auch. Einmal habe ich den Kindern eine lange Nase gemacht und die Zunge rausgestreckt. Vielleicht war es nicht richtig, aber was soll ich denn tun, wenn sie so blöd gucken?

Keiner muß alles können

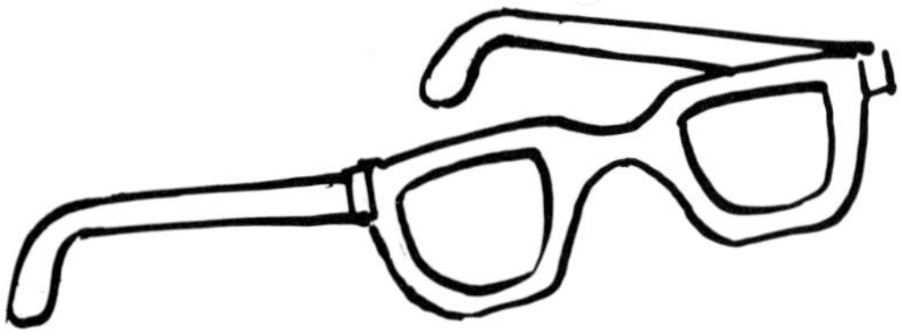

Harry ist kurzsichtig, er trug schon eine Brille, als er noch in den Kindergarten ging. Jetzt ist Harry zehn Jahre alt. Alle seine Mitschüler können schwimmen, und Harry natürlich auch. Aber eines, was alle anderen können, kann Harry nicht: Er kann nicht vom 5-Meter-Brett springen. Mit Brille wäre das ganz unmöglich, denn die Brille würde er im Wasser verlieren. Und ohne Brille? Na, da müßt ihr mal einen Kurzsichtigen fragen, wie ohne Brille vom 5-Meter-Brett ein Schwimmbassin aussieht! Ganz unscharf, wie ein grüner breiter Fleck.

Ein ähnliches – oder ein anderes – Problem hat Agnes: Sie hat einen Herzfehler. Und Marita: Sie ist auf einem Ohr taub. – Und Frederic: Er hat einen verkrüppelten Fuß. – Und Walthers Vater: Er hat bei einem Unfall einen Arm verloren. – Und unsere Lehrerin: Sie leidet bei warmem Wetter unter Kreislaufschwäche.

Das ist Juttchen: Dick und strubbelig und pummelig. Ein liebes Mädchen. Aber Juttchen jammert: „Ich möchte eine Frisur haben wie die Silvia! Ich möchte so schicke Kleider haben wie die Helen! Ich möchte so schlank sein wie Sigurd! Und rechnen können möchte ich wie Klaus, turnen wie Achmed, singen wie Vroni . . .“ – und wenn das alles so wäre, bliebe schließlich vom dicken, strubbeligen, pummeligen, lieben Juttchen nichts mehr übrig.
So wie Juttchen hat jeder hin und wieder den Wunsch, anders zu sein, als er ist. Wir richten uns oft nach anderen und verlieren dabei uns selbst aus dem Blick. Wir vergessen zu leicht, daß jeder in seiner Art einmalig und unverwechselbar ist. Allerdings muß man sich selbst genau kennenlernen. Man muß wissen, was man alles kann und was man nicht kann.

Die Frage der Fragen

Vor dem Ende sprach Rabbi Suuja: In der kommenden Welt wird man mich nicht fragen: „Warum bist du nicht Mose gewesen?“ Man wird mich fragen: „Warum bist du nicht Suuja gewesen?“

▷ *Rabbi*

Wenn der Maurer allein ein Haus bauen müßte – das würde sicher nichts Gescheites geben. Wie würde er wohl das Dach decken, die elektrischen Leitungen verlegen, die Wasserrohre führen, die Fensterscheiben einsetzen, die Wände tapezieren? Bei einem Hausbau müssen viele Berufe zusammenarbeiten.

Ähnlich ist es, wenn ein Auto gebaut wird, wenn ein Anzug geschneidert wird, wenn ein Buch gedruckt wird, wenn ein Kranker operiert werden muß, wenn sich ein Zug von Stuttgart nach Frankfurt oder wenn sich ein Flugzeug von Hamburg nach München bewegt. Überall arbeiten Menschen zusammen, weil nicht einer alles allein machen kann.

Manchmal wird das in der Schule auch beim Unterricht so gemacht. Der Lehrer lehrt nicht allein; er sagt: „Schüler können auch viel voneinander lernen. Setzt euch in Gruppen und versucht, die Aufgaben gemeinsam zu lösen! Plant zusammen. Bereitet im Gespräch eine Arbeit vor. Teilt euch die Arbeit auf. Einer könnte Papier reißen, der andere könnte den Entwurf machen, ein dritter könnte kleben . . .“

2. Der Bauer,
der könnte den Acker nicht pfügen, wenn . . .
3. Der Müller,
der könnte die Frucht nicht vermahlen, wenn . . .
4. Der Schuster,
der könnte die Stiefel nicht sohlen, wenn . . .
5. Der Schneider,
der könnte die Kleider nicht nähen, wenn . . .
6. Der Fuhrmann,
der könnte den Wagen nicht fahren, wenn . . .
7. Der Zimmermann,
der könnte die Häuser nicht richten, wenn . . .
8. Der Schreiner,
der könnte die Bretter nicht hobeln, wenn . . .
9. Der Schlosser,
der könnte die Schlüssel nicht feilen, wenn . . .

Das ist ein altes Bergmannslied. Das merkt man schon an den Strophen vom Fuhrmann und vom Pferd. Man könnte sich heute ein Lied denken, das von Männern erzählt, die nach Erdöl bohren, oder von den Forschern, die neue Medikamente, neue Kunststoffe und wichtige Maschinen erfinden.

Ob man sich auf Kerstin verlassen kann?

Heute abend ist eine wichtige Elternbesprechung in der Schule. Herr und Frau Noll müssen unbedingt daran teilnehmen. Für Kerstin und Sulla haben sie einen Babysitter gefunden, damit sie beruhigt nach dem Abendessen weggehen können. Aber o weh, um sieben ruft der Babysitter an: „Ich kann leider nicht kommen!“
„Dann können wir nicht gehen“, sagt der Vater. „Schade, wo wir doch diese Veranstaltung nicht leichtfertig versäumen dürfen!“ Doch die Mutter meint: „Sollten wir es nicht doch versuchen, Mann? Sieh mal, unsere Kerstin ist doch schon fast neun Jahre, vielleicht kann sie schon ganz gut auf die kleine fünfjährige Sulla achtgeben . . .“
Nach langem Hin und Her entschließen sich die Eltern, Kerstin zu vertrauen. „Kerstin“, sagen sie, „du weißt ja, daß wir noch weggehen müssen. Leider kann Fräulein Alt nicht kommen, um auf euch Kinder aufzupassen. Ob wir euch wohl allein zu Hause lassen können? Ob wir dir wohl deine kleine Schwester anvertrauen können?“
„Na klar“, antwortet Kerstin, „ihr könnt euch auf mich verlassen.“
Ein bißchen bedrückt gehen die Eltern weg, und ganz schnell kommen sie wieder, als die Versammlung beendet ist. Aber sie hätten sich gar keine Sorgen zu machen brauchen. Sulla liegt in Kerstins Bett, Kerstin hat den Arm um sie geschlungen, und beide schlafen fest.

Manchmal sehen wir nur,
was der andere nicht kann.
Wir sehen seine Fehler und meckern
an ihm herum.
Das Gute an ihm übersehen wir.
Es ist, als hätten wir
„Knöpfe auf den Augen“.

In einem Wort von Jesus heißt es so:

„Warum siehst du
den Splitter im Auge deines Bruders,
aber den Balken in deinem Auge
beachtest du nicht?
Zieh zuerst den Balken
aus deinem Auge,
dann kannst du versuchen,
den Splitter
aus dem Auge deines Bruders
herauszuziehen.“

(Lk 6, 42–43)

Freunde, Familie, Schule

Freundschaft

Wunschliste

Wenn ich mir einen Freund aussuchen will, müßte er folgende gute Seiten haben:

- ○ immer froh
- ○ reich
- ○ gesund
- ○ witzig
- ○ muß ein Fahrrad haben
- ○ muß viele Schallplatten haben
- ○ und viele Asterix-Hefte
- ○ schön
- ○ klug
- ○ stark
- ○ muß gern teilen
- ○ muß gern leihen
- ○ muß mir gehorchen
- ○ muß alles mitmachen

Folgende schlechte Seiten darf mein Freund nicht haben, sonst will ich ihn nicht:

- ○ launisch
- ○ arm
- ○ dumm
- ○ gehbehindert
- ○ darf keine Brille haben
- ○ darf nicht egoistisch sein
- ○ darf nicht petzen
- ○ darf kein Schlappschwanz sein
- ○ darf außer mir keinen Freund haben

Wenn mein Freund eine ähnliche Liste über mich schriebe – käme ich da wohl gut ab?

Holger und das Krokodil

Die Lehrerin zeigt in der Biologiestunde ein Bild von einem Krokodil. „Wer kennt dieses große Tier?“ fragt sie. Fast alle Kinder heben die Hand. Natürlich hatten sie schon Krokodile gesehen: auf Bildern, im Fernsehen, oder sogar lebendig im Zoo. „Holger!“, sagt die Lehrerin, „weißt du's nicht?“

Die Lehrerin schaut zu Holger hinüber, der manchmal träumt. Holger steht auf und wird rot. Er schämt sich, weil er nicht achtgegeben hat, als die Lehrerin das Bild zeigte, und weil er nicht zugehört hat, was sie fragte. Hilflos schaut er um sich.

„Holger, ein Drache!“ flüstert der Nachbar ihm zu. Und Holger sagt doch tatsächlich: „Ein Drache ist das.“

Da lachen die Kinder laut. Dieser doofe Holger! Nur Hans lacht nicht. Hans ist nämlich Holgers Freund.

Schulkameraden

Gute und schlechte Freunde gibt es auch in der Schule.
Man konnte es schon bei Hans und Holger lesen. Hier ist eine Geschichte von Cornelia und ihren „Freundinnen" Helene, Kathi, Birgit und noch einigen anderen. Diese Geschichte kann man übrigens auch spielen!
Am besten, man spielt sie zweimal;
einmal mit einem schlechten, einmal mit einem guten Ende.

Cornelia war krank. Es war keine schmerzhafte Krankheit, aber Cornelia mußte liegen und durfte erst in den letzten Tagen ein paar Schritte im Haus umhergehen. Zuerst dachte Cornelia: Eigentlich ist das ja ganz toll, da brauche ich die ganze Zeit nicht in die Schule! Aber dann wurde es ihr lang und langweilig, und sie fragte jeden Morgen ihre Mutter: „Darf ich denn immer noch nicht raus? Darf ich denn vielleicht morgen, vielleicht übermorgen, vielleicht nächsten Montag wieder in die Schule?" Endlich, nach genau zwölf Wochen, war es soweit: Cornelia saß wieder auf ihrem gewohnten Stühlchen in der Klasse.

Eigentlich hatte Cornelia gehofft, der Lehrer würde sie begrüßen, vielleicht würden die Kinder sogar ein Lied singen, wie sie das zum Beispiel tun, wenn jemand Geburtstag hat. Aber nichts dergleichen geschah. Der Lehrer sagte nur: „Aha? Wieder da?" – und dann: „So, nun rasch die Rechenbücher raus!"

Ach du liebe Zeit, was hat Cornelia in diesen zwölf Wochen alles verpaßt! Im Rechnen kennt sie sich nicht mehr aus, im Religionsunterricht weiß sie kaum mehr etwas; und in der Erdkunde die Landkarte mit den vielen Flüssen und Städten, die macht sie ganz verrückt. Cornelia fragt ihre Freundin Helene: „Du, wie geht denn das mit dem Zusammenzählen von DM und Pfennig?" Aber Helene sagt nur: „Ach, laß mich in Ruhe, ich weiß es ja selber nicht."

Sie fragt Kathi: „Du, Kathi, sag mir doch um Gottes willen, wie das mit den Farben und Strichen und der Landkarte ist!" Aber Kathi sagt nur: „Ein andermal, Cornelia. Das ist sehr kompliziert, und ich hab' jetzt keine Lust." Sie fragt Birgit: „Du, Birgit, wer ist denn dieser Mann Jeremia, von dem der Herr Pfarrer da dauernd redet?" Aber Birgit antwortet: „Ein Prophet oder so was; später erklär' ich's dir mal genauer, ich habe jetzt keine Zeit."
Wen Cornelia auch anredet und fragt und bittet: Alle haben keine Zeit, alle haben keine Lust, alle haben eine Ausrede.

Am Mittag nach diesem ersten Schultag fragt der Vater bei Tisch: „Na, Conny, war's schön, endlich wieder in der Schule?" – „Ja", sagt Cornelia; aber die Tränen, die ihr in den Blumenkohl fallen, die sagen Nein.

Geschichte von zwei Freunden

Ein großer Festzug zog durch die Stadt Jerusalem. Die Männer kamen aus dem Krieg heim, sie hatten die Philister besiegt. Vorne marschierte David, der den Riesen Goliat getötet hatte. Von überall her kamen die Frauen und tanzten, und sie sangen:

„König Saul hat Tausend erschlagen
und David Zehntausend!“

Der König ärgerte sich über dieses Lied, und er wurde eifersüchtig auf David. Er dachte Tag und Nacht daran, wie er David töten könnte. Saul aber hatte einen Sohn, der hieß Jonatan. Er war Davids Freund. Jonatan liebte David wie sein eigenes Leben. Er schloß mit David einen Bund. Er schenkte David seine Kleider und seine Rüstung, sein Schwert, seinen Bogen und seinen Gürtel.
Jonatan ging zu David und sprach: „Nimm dich in acht! Mein Vater will dich töten! Geh morgen früh hinaus aufs Feld und versteck dich. Ich will mit meinem Vater reden. Dann will ich dir erzählen, was mein Vater gesagt hat.“
Jonatan ging zu seinem Vater Saul und sprach: „Mein König, versündige dich nicht gegen deinen Knecht David! Er hat sein Leben aufs Spiel gesetzt und den Riesen Goliat erschlagen. Er hat dem Volke Israel sehr genützt. Warum willst du ihn töten?“ Da gereute es den König Saul und er erbarmte sich. Er sprach: „So wahr Gott lebt, David soll nicht sterben!“ Jonatan aber eilte zu David und meldete es ihm. So konnte David in das Haus des Königs zurückkehren und bei ihm wohnen.

Sauls Erbarmen aber dauerte nicht lange. Bald darauf geschah es: Als David vor ihm auf der Harfe spielte, nahm er einen Speer und warf nach ihm. Da floh David ein zweites Mal. Er traf sich heimlich mit seinem Freund Jonatan und sprach: „Kannst du noch ein zweites Mal mit deinem Vater sprechen?“ Jonatan antwortete: „Gut, ich will es versuchen. Wenn mein Vater dich nicht töten will, so komme ich eilends zu dir und hole dich in das Königshaus zurück. Will er dich aber töten, so werde ich dir ein Zeichen geben. Versteck dich hinter diesem Felsblock hier, und ich werde mit meinem Diener in die Nähe des Felsblocks kommen. Ich werde drei Pfeile abschießen und meinen Diener losschicken, sie zu holen. Rufe ich: Die Pfeile liegen etwas näher zu mir, dann heißt das: Du darfst kommen, der König will dich nicht töten. – Rufe ich aber: Die Pfeile liegen weiter weg, dann heißt das: Du mußt fliehen, so schnell und so weit du kannst.“

An diesem Abend saß der König mit seinen Kriegsleuten zu Tisch, und auch Jonatan war dabei. Als der König sah, daß David fehlte, schimpfte er mit Jonatan und sprach: „Du hast dir diesen David zum Freund gewählt, ich weiß es genau! Hol ihn sofort her, denn er muß sterben!“ Da lief Jonatan heimlich hinaus aufs Feld und nahm seinen Diener mit. Er schoß die drei Pfeile ab und rief seinem Diener zu: „Geh, such, der Pfeil liegt weiter draußen!“ Als der Diener den Pfeil gebracht hatte, schickte er ihn nach Hause. David aber hörte, was Jonatan rief, und er kam aus dem Versteck heraus. Er fiel vor Jonatan nieder und verneigte sich dreimal. Und sie küßten sich, und sie weinten. Dann sagte Jonatan zu David: „Geh hin in Frieden! Für den Bund, den wir miteinander geschlossen haben, sei Gott uns ewig Zeuge!“ Und David floh. Jonatan aber kehrte in die Stadt zurück. (Aus 1 Sam 18–21)

Worte aus der Bibel:

Ein treuer Freund
ist eine starke Burg,
wer einen treuen Freund
findet,
hat einen Schatz gefunden.
Für einen treuen Freund
gibt es keinen Preis,
nichts
wiegt seinen Wert auf.
Wie du selbst bist,
so ist auch dein Freund.
Tausche deinen Freund
nicht
für noch so viel Geld ein.

(Aus Sir 6–7)

▷ *David*

Menschen lernen

Wir lernen aus den Erfahrungen der Menschen,
die vor uns etwas gelernt haben.
Wir machen selber neue Erfahrungen.
Wir geben unsere Erfahrungen weiter an die Menschen,
die nach uns leben werden.

- Die Kühe haben nichts dazugelernt

Wenn den Kühen vor hunderttausend Jahren der Regen unbequem wurde, stellten sie sich unter das Laubdach der Bäume. Das taten vor ihnen ihre „Kuh-Urgroß-Eltern" schon, und das tun die „Kuh-Urenkel" heute noch. Die Kühe haben nichts dazugelernt.

- Die Menschen haben viel dazugelernt

Am Anfang hatten die Menschen noch nichts gelernt und nichts erfunden. Aber dann fingen sie an: Sie erfanden Beil und Schaufel, Rad und Wagen, sie machten sich das Feuer dienstbar und züchteten Haustiere. Eines Tages brauchten sie nicht mehr unter die Bäume zu flüchten; vielmehr gingen sie unter die Dächer ihrer Häuser. Und sie lernten und lehrten, dachten und konstruierten, erforschten und erfanden weiter. Wenn die Menschen heute in der Stadt vom Regen überrascht werden, rufen sie per Telefon ein Taxi, fahren heim, setzen sich vors Fernsehgerät und schauen sich im Film an – wie auf der Alm die Kühe immer noch im Regen zu ihren Bäumen hintrotten.

- Kinder lernen am meisten

Ein Kind wird geboren; es kann noch kein Wort sprechen, keinen Ton singen, nicht bis 3 zählen, keinen Schritt gehen, keinen Buchstaben lesen, es kann nicht sitzen, nicht kriechen, nicht springen, nicht tanzen, es kann nicht malen, keine Farben unterscheiden . . . Ein Kind im 4. Schuljahr kann fast 500 Wörter auswendig; es kann alle Wörter lesen, die geschrieben sind; es könnte, wenn es Zeit hätte, bis eine Million zählen, es kann hoch und weit springen, tanzen, malen, singen, viele tausend Schritte gehen. Kein Erwachsener lernt in 10 Jahren so viel Neues, wie ein Kind von seiner Geburt bis zum 4. Schuljahr.

Manches lernen wir „wie die Kühe“: Wir tun es, ohne zu wissen, wie und warum. Wenn zum Beispiel jemand einen Stein nach uns wirft, weichen wir aus. Das hat uns niemand gelehrt; das tun wir von selber. – Oder wir tun etwas, weil andere es tun, wir schauen es von ihnen ab, wir machen es ihnen nach. – Aber das meiste lernen wir „menschlich“, anders als die Tiere. Wir gehen an ein Problem heran, zum Beispiel an eine Rechenaufgabe, oder an den Plan, etwas zusammenzukleben und bunt zu bemalen, oder, wenn wir erwachsen sind, an die schwierige Aufgabe, das Autofahren zu lernen. Zuerst knobeln wir mal selber an der Sache herum. Dann lesen wir in Büchern, wir machen uns eine Skizze, wir fragen andere, wir denken uns verschiedene Möglichkeiten aus. Dann nehmen wir Werkzeuge und andere Hilfsmittel zur Hand: Papier, Bleistift, Zange, Nägel, eine Bohrmaschine, überhaupt: Maschinen. Unser Kopf muß sich anstrengen, und unsere Hände müssen sich anstrengen.

Wir Menschen unterscheiden uns von den Pflanzen und Tieren und von allen anderen Geschöpfen: Gott hat uns größer gemacht als sie alle. Er hat uns den Verstand gegeben, das Gefühl, das Gedächtnis, die Phantasie, Ideen, Kombinationsgabe, Erinnerung, die Fähigkeit zu sprechen, zu verstehen, wenn einer spricht; und er hat uns unsere Hände so ausgestattet wie keines Tieres Pfote, Tatze, Kralle oder Flosse. Mit unserem Geist und unseren Händen können wir die Welt immer menschenwürdiger machen.

Was der Mensch mit den Händen
alles tun kann:

zeichnen	reichen	zeigen
malen	geben	trommeln
dirigieren	nehmen	schütteln
grüßen	zählen	rütteln
streicheln	winken	mischen
öffnen	blättern	sortieren
schließen	einpacken	legen
boxen	auspacken	falten
fühlen	annehmen	entfalten
tasten	abgeben	ordnen
festhalten	binden	zerstören
anpacken	lösen	bauen
loslassen	kratzen	halten
ziehen	werfen	kneifen
drücken	fangen	kritzeln
heben	ausreißen	drehen
senken	einpflanzen	umwenden
schlagen	abpflücken	ausbreiten

Familic – Schulc – Alltag

Segne mich, o Herr, und leite
meinen Weg nach deinem Wort.
Sei und bleibe du auch heute
mein Beschützer und mein Hort.
Nirgends als bei dir allein
kann ich recht bewahret sein.

O Gott, der Erde bunte Pracht
hast du aus nichts hervorgebracht,
und weiter wirkst du allerenden
mit deinen und mit unsern Händen.
Wir danken dir, daß du uns liebst
und uns die schöne Erde gibst.

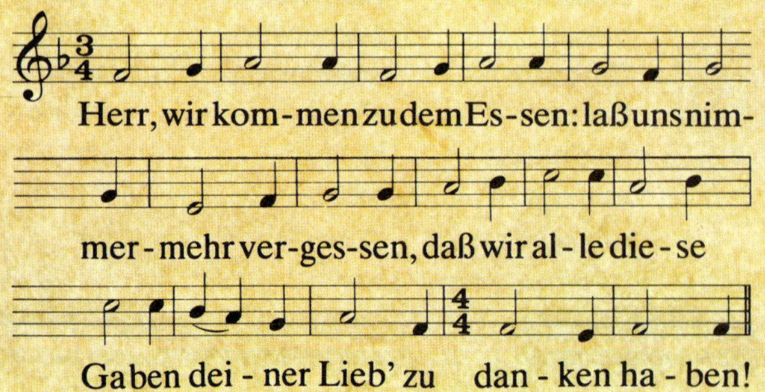

In unserer Klasse sind
arme und reiche,
starke und schwache,
kluge und weniger kluge
Kinder.
Gott, du Vater aller,
hilf uns, nicht zu
vergessen, daß wir Brüder
und Schwestern sind,
daß wir einander
helfen und einander
lieben sollen.

Gott, wir danken dir,
daß du uns unsere Eltern
gegeben hast.
Sie sorgen für uns,
sie lieben uns;
manchmal haben sie
es schwer mit uns;
manchmal haben wir
es schwer mit ihnen.
Beschütze sie und segne sie.

Unsere Lehrerin

Schulkinder erleben ihren Lehrer immer nur ein paar Stunden am Tag. Wenn sie wüßten, wie viel Schönes der Lehrer den Nachmittag über, am Abend, am Wochenende, in den Ferien erlebt! Aber auch: wie viele Sorgen er hat (er hat meistens auch eigene Kinder), wieviel Leid er hat (vielleicht ist seine Frau krank?), wieviel Kummer er hat (er hat Schulden beim Hausbau gemacht), wieviel er lesen, lernen, planen, nachdenken und studieren muß.

Die liebe Verwandtschaft

- In der Familie geht nicht immer alles so, wie es richtig, schön und gut wäre. Keiner kann sich seine Eltern und Verwandten aussuchen.

Zu Besuch: Onkel Hubert und Tante Elfriede

Wenn Onkel Hubert und Tante Elfriede aus Bocklemünd zu Besuch kommen, stiehlt Peter sich heimlich fort. Denn Onkel Hubert sagt zur Begrüßung immer: „Aha, mein Peterchen, schau mal an, wie groß er schon geworden ist!" Und Tante Elfriede sagt: „Na, Mutter, ist er auch schön artig?" Und zu Peter sagt sie: „Nun nimm mal die Hände aus der Tasche, putz dir die Nase und erzähl mal, wie's in der Schule geht!" Und Onkel Hubert: „Was, in Mathe stehst du fünf? Das muß mir aber besser werden . . ."

„Tante, sind wir jetzt alle vollzählig?" – „Wieso, mein Kind?" – „Weil Papa gesagt hat: Tante Anne hat uns gerade noch gefehlt!"

Zu Besuch: Die Oma aus Finkenwerder

Alle sechs oder acht Wochen kommt die Oma aus Finkenwerder zu Besuch. Hans und Ulla helfen ihr die Sachen aus dem Kofferraum holen und die Treppe rauftragen. Mutter will schon alles in den Kleiderschrank räumen, und in den Schuhschrank und auf den Toilettentisch. Aber die Oma setzt sich und sagt: „Erst woll'n wir mal 'n bißchen klönen!" Klönen heißt erzählen. Und sie klönen und lachen und essen Lakritzen und Gummibärchen, und von der Schule und vom Zeugnis ist gar nicht die Rede.

Zu Besuch: Der seltene Vater

Wilfrieds und Gerdas Vater ist Bezirks-Vertreter bei der Viehfutterfirma „Leckerfriß". Er ist die ganze Woche unterwegs und kommt nur samstags und sonntags heim. Zuerst stöbert er die Zeitungen durch und schneidet allerlei Notizen aus; dann liest er die Post und schimpft über die vielen Rechnungen; danach badet er 40 Minuten; schon ist es Zeit fürs Abendessen („Vater muß allein essen, er ist so nervös", sagt die Mutter); nach dem Essen setzt er sich ans Fernsehen, bis nach dem Sportstudio, kurz vor Mitternacht; sonntags morgens schläft er lange; vor Mittag geht er zum Frühschoppen; zum Mittagessen kommt er zu spät; nach dem Essen fährt er zum Sportplatz; danach kommt er zum Kaffee, und man kann endlich ein paar Worte mit ihm reden (vorausgesetzt, sein Verein hat gewonnen); danach ist wieder Fernsehzeit; und dann: dann müssen Wilfried und Gerda wieder ins Bett. „Bis nächsten Samstag, Tschüß!" ruft der Vater.

Aus der Familie Jesu

Im Neuen Testament ist an verschiedenen Stellen von Josef und Maria und von „Brüdern und Schwestern Jesu“ (= näheren Verwandten) die Rede:

Stammbaum Jesu Christi, des Sohnes Davids, des Sohnes Abrahams (Mt 1, 1).

Von Jakob stammte Josef, der Mann Marias, von der geboren wurde Jesus, genannt Christus (Mt 1, 16).

Josef, Sohn Davids, fürchte dich nicht, Maria, deine Frau, zu dir zu nehmen . . . Sie wird einen Sohn gebären; dem sollst du den Namen Jesus geben (Mt 1, 20, 21).

Da er noch zum Volke redete, siehe, da standen seine Mutter und seine Brüder draußen und suchten mit ihm zu reden (Mt 12, 46 par).

Er ging von dort weiter und kam in seine Vaterstadt Nazaret (Mk 6, 1).

Viele sprachen: Ist er nicht der Zimmermann? Der Sohn der Maria? Der Bruder des Jakobus und des Joses und des Judas und des Simon? Und sind nicht auch seine Schwestern hier bei uns? (Mk 6, 3)

Der Engel wurde gesandt zu einer Jungfrau, die verlobt war mit einem Mann aus dem Hause Davids namens Josef, und der Name der Jungfrau war Maria (Lk 1, 27).

Am dritten Tag war eine Hochzeit zu Kana in Galiläa, und die Mutter Jesu war dort (Joh 2, 1).

Es standen bei dem Kreuze Jesu seine Mutter und die Schwester seiner Mutter, Maria (die Frau des Klopas) und Maria Magdalena (Joh 19, 25).

Nach der Himmelfahrt: Sie alle verharrten einmütig im Gebet, zusammen mit den Frauen und Maria, der Mutter Jesu, und seinen Brüdern (Apg 1, 14).

▷ *Maria*

Kinder im Heim

Interview mit Gerlinde

Reporter: Guten Tag, Gerlinde, ich will mich mit dir unterhalten.
Gerlinde: Bitte. Setzen Sie sich. Wir haben leider nur Kinderstühlchen.
Reporter: Sag mal, wie lange bist du schon im St.-Vinzenz-Heim?
Gerlinde: Neun Jahre. Ich war vier, als ich hierher kam.
Reporter: Warum bist du hier? Hast du keine Eltern?
Gerlinde: Eltern, keine Eltern, wie man's nimmt.
Reporter: Das verstehe ich nicht.
Gerlinde: Macht nichts. Ich verstehe es ja selber nicht. Aber es ist mir schon lange egal.
Reporter: Aber . . .
Gerlinde: Schwester Felicitas ist mein Vater und meine Mutter.
Reporter: (lacht)
Gerlinde: Fragen Sie mich etwas anderes. Sie verstehen mich offenbar nicht.
Reporter: Also gut. Etwas anderes. Dein Tagesablauf vielleicht. Wann . . .
Gerlinde: Wir stehen um zehn vor sieben auf, wenn Sie das meinen.
Reporter: Du bist ganz schön flott.
Gerlinde: Na ja. Was denken Sie wohl, wie oft so ein Reporter hierher kommt und die Heimkinder ausfragt. Zeitungsleute, Rundfunkleute, Fernsehleute. Prälaten von der Caritas, Beamte vom Ministerium. Ich habe das geölteste Mundwerk, sagt Schwester Felicitas, deswegen setzt sie die Besucher immer auf mich an.
Reporter: Also um zehn vor sieben. Und dann?
Gerlinde: Was tun Sie denn so zwischen zehn vor sieben und acht Uhr?
Reporter: Na ja, waschen, rasieren, anziehen, frühstücken, Zeitung lesen . . .
Gerlinde: Sehen Sie. Außer rasieren tun wir hier genau dasselbe. Wir sind ja keine Marsmännchen, sondern Menschen.
Reporter: Auch Zeitung lesen?
Gerlinde: Was denken Sie denn? Die Vierjährigen natürlich nicht . . .
Reporter: Dann geht ihr vermutlich zur Schule?
Gerlinde: Kluges Kind.
Reporter: Was soll das heißen?
Gerlinde: Ach, lassen wir das. Das sagen die Reporter oft zu mir, wenn ich etwas Richtiges sage. Warum soll ich es nicht zu Ihnen sagen, Sie haben ja auch was Richtiges gesagt.
Reporter: Habt ihr eine Schule hier im Heim?
Gerlinde: Nur eine Sonderschule. Die anderen Kinder fahren mit dem Schulbus in die Stadt.
Reporter: Habt ihr in der Schule Schwierigkeiten? Ich meine, mit den anderen Kindern?
Gerlinde: Leider ja. Viele lachen über uns. Manche spotten. Sie nennen uns Vinzentiner-Schäfchen.
Reporter: Dich auch?
Gerlinde: Nein. Ich bin die Beste in der Klasse. Und ich habe einen Freund, der ist stark. Der würde sie verprügeln.
Reporter: Nun weiter. Mittags.
Gerlinde: Mittags kommen wir mit dem Schulbus zurück. Das Essen steht auf dem E-Herd. Es kommt fertig

aus der Heimküche und wird im Gruppenhaus warmgemacht.

Reporter: Schmeckt das Essen?

Gerlinde: Fast immer. Außer den Nudeln. Nudeln kochen, davon versteht die Küche nix. Aber das andere schmeckt.

Reporter: Nachmittags?

Gerlinde: Das ist verschieden. Wir Größeren machen Schularbeiten. Wer fertig ist, kümmert sich um die, die was nicht kapieren. Danach gehen wir spielen. Je nach Jahreszeit: Schwimmen, radfahren, die Jungs gehen meistens fußballspielen; man kann auch auf das Luftkissen zum Trampolinspringen, aber da ist Andrang, da geht's nach Stundenplan.

Reporter: Und wenn es regnet?

Gerlinde: Wir haben mehr Bücher und Brettspiele, Baukästen und Bastelzeug als zehn Familien zusammen. Uns wird's nie langweilig.

Reporter: Dürft ihr auch fernsehen?

Gerlinde: Nein, streng verboten. Wir haben ein altes, knarrendes, pfeifendes Radio.

Reporter: Waaaas? Du willst mich wohl . . .?

Gerlinde: Na ja, dann fragen Sie nicht so dumm. Natürlich dürfen wir fernsehen. Die jüngeren bis acht, die älteren bis zehn. Nach dem Fernsehen müssen wir allerdings noch den Küchenraum richten für das Frühstück. Das können wir ja nicht gut alles der Schwester überlassen.

Reporter: Und nachts?

Gerlinde: Nachts? Tja. Da sind bei mir die Katzen genauso grau wie bei Ihnen.

Reporter: Was heißt das?

Gerlinde: Fragen Sie doch nicht so dumm. Nachts schlafe ich. Sie etwa nicht? Oder ich liege wach und denke. Sie etwa nicht? Oder ich träume. Sie etwa nicht? Manchmal träume ich, daß Schwester Felicitas wirklich und wahrhaftig mein Vater und meine Mutter wäre. Das ist der Unterschied. Das träumen Sie nicht.

Familienausflug am Sonntag

▷ *Gebet* ▷ *Sonntag*

Dieses Jahr ließ der Sommer lange auf sich warten. Zwar hatte der frühe April ein paar herrliche Tage, aber der Juni und der Juli, das waren zwei schlimme Regenmonate. Endlich, prompt zum Beginn der großen Ferien, hatte die Sonne den Zweikampf gegen das trübe Wetter gewonnen. Von Tag zu Tag wurde es wärmer, und als der Sonntag kommt, da fahren Vater, Mutter, Hansjörg und Sylvia mit dem Auto hinaus ins Flußtal.

Sie stellen ihr Zelt auf, und Vater baut mit Hansjörg das Paddelboot zusammen. Den ganzen Nachmittag fährt Hansjörg mit seinem Vater Paddelboot. Die kleine Sylvia spielt in der Zeit mit der Mutter vor dem Zelt. Langsam kommt der Abend.

Die Kinder bauen mit den Eltern das Zelt ab und packen das zerlegte Paddelboot in die großen Rucksäcke. Hansjörg hilft die Rucksäcke verschnüren und in den Kofferraum tragen. Sylvia hebt rings um den Zeltplatz die Eierschalen und alle Papierschnipsel auf. „Alles o. k.?" ruft der Vater. Gegen acht fahren sie ab.

Der Weg geht vom Flußtal den Berg hinauf, lange enge Serpentinen. Auf den Höhen hält der Vater noch einmal an, alle steigen aus, und sie schauen hinunter auf das schöne Tal. Unten kriecht ein Omnibus wie ein kleines Spielzeugauto am Fluß entlang, oben über ihnen kreist ein Bussard, über dem Wald ist der Himmel rot, weil dort die Sonne untergegangen ist. Sie stehen und staunen und sind ganz froh. Keiner spricht ein Wort. Sylvia nimmt den Vater bei der Hand, und die Mutter drückt Hansjörg an sich.

Als die beiden Kinder kurz vor Mitternacht müde ins Bett klettern, sagt die Mutter: „Gute Nacht, ihr beiden! Und schlaft jetzt rasch ein, wir haben nur noch die halbe Nacht vor uns!" Sylvia fragt: „Mutter, beten wir heute kein Abendgebet, wie wir das sonst immer tun?" Die Mutter sagt: „Ich glaube, heute haben wir schon zu Abend gebetet." Wann denn bloß, wie denn bloß, wo denn bloß? denkt Sylvia. Sie will ihren Bruder Hansjörg fragen, aber der ist schon eingeschlafen.

Die Religionslehrerin stellte der Klasse zwölf Aufgaben zum Thema „Beten" und „Gottesdienst":

- Wer kennt ein Abendgebet?
- Wer kann eins auswendig aufschreiben?
- Man sagt: Beten mit vorgeformten Texten; Beten mit eigenen Worten; Beten ohne Worte. – Kann jemand von euch diese drei Gebetsarten erklären?
- Welche kommt in der Geschichte „Familienausflug am Sonntag" vor?
- Wie sieht ein Ortsschild aus, das auf Sonntagsgottesdienste hinweist?
- Schreibt auf, zu welcher Pfarrei ihr im einzelnen gehört!
- Wann sind in euren Pfarreien sonntags die heiligen Messen?
- Was ist und wann ist „Vorabendmesse"?
- Sonntagsanzug, Sonntagsbraten, Sonntagskonzert – wer kann noch andere Wörter nennen, die darauf hinweisen, daß der Sonntag ein besonderer Tag ist?
- Manche sagen: Der Sonntag ist der letzte, manche sagen, der Sonntag ist der erste Tag der Woche.
  Welche Gründe gibt es für diese Meinungen?
- Erzählt, malt oder schreibt auf, was eure Familie schon mal sonntags gemacht hat!
- Schreibt Festtage in euer Heft, an denen ihr schulfrei habt!

Wer hat recht?

Vor dem Städtischen Krankenhaus ist ein Platz. Die Kinder, die nicht weit vom Krankenhaus entfernt wohnen, treffen sich oft auf diesem Platz zum Spielen. Zwar steht am Rand des Platzes ein Schild: „Spielen verboten. Eltern haften für ihre Kinder. Die Stadtverwaltung“ – aber wer von der Stadtverwaltung hätte schon Zeit, dauernd um den großen Platz herumzustreichen und zu kontrollieren, ob Kinder darauf spielen?

„Ich möchte wissen, warum man hier nicht spielen darf“, sagt Bob, und Heide sagt: „Wo der Platz doch so schön groß ist!“

Einmal, im Sommer, standen ein paar Kranke in ihren Bademänteln auf dem Balkon und riefen: „He, ihr da, wißt ihr nicht, daß das Spielen auf dem Platz verboten ist?“

„Warum denn?“ ruft Heide hinauf.

„Warum denn, warum denn“, ruft einer der Kranken zurück, „als ob ihr euch das nicht selber denken könntet! Weil die Kranken Ruhe brauchen!“

„Aber wir haben doch in der ganzen Stadt keinen Platz zum Spielen“, antwortet Joss und klemmt eine Weile den Fußball unter den Arm. „Auf dem Schulhof – ein Schild: Betreten verboten. Auf dem Kinderspielplatz – ein Schild: Nur für Kinder unter 10 Jahren. In der Allee – ein Schild: Betreten des Rasens verboten. Auf den Parkplätzen – Schilder, Schilder: Zutritt für Unbefugte verboten. Wo sollen wir denn spielen, verdammt noch mal?“

„Hier jedenfalls nicht“, ruft der Kranke zurück. „Wegen dem Lärm.“

„Wegen dem Lärm?“ fragt Elli. „Macht der Unfallwagen, der hier alle paar Minuten aufkreuzt, mit seinem Martinshorn vielleicht keinen Lärm?“ – „Das ist was anderes“, antworten sie auf dem Balkon.

„Und die Autos, die hier alle parken? Haben die vielleicht kein Parkverbot-Schild da stehen?“ fragt Joss.

„Das müssen sie selber wissen. Wenn die Polizei kommt, sind sie dran“, sagt einer der Kranken in den Bademänteln. „Und außerdem machen sie auch nicht so viel Lärm wie Kinder.“

„Aber sie stinken mehr als Kinder“, gibt Joss zurück.

„Du bist ganz schön frech“, sagt der Kranke. „Ich rufe gleich den Chefarzt, der wird euch einheizen!“

„Und die Lederjacken, die hier abends mit den Mopeds aufkreuzen und den jungen Krankenschwestern flöten? Die dürfen das. Da habt ihr wohl Angst, mit denen zu schimpfen, was? Bloß mit uns, da traut ihr euch, weil wir klein sind.“

„Haut endlich ab!“ rufen die Kranken durcheinander. „Wir wollen unsere Ruhe haben. Und nicht nur wir, sondern auch die in den Zimmern, die in den Betten.“

„Die können nachts ja immer noch genug schlafen“, knurrt Hilde vor sich hin. Dann gehen sie weg, denn sie haben Angst, die Kranken könnten ihnen tatsächlich den Chefarzt oder die Polizei auf den Hals hetzen.

Recht und Unrecht

Durch Schreien und Schimpfen wird die Frage nach Recht und Unrecht nicht gelöst; erst recht nicht durch Gewalt. Auch Jesus, der den Menschen Gutes erwiesen, und ihnen kein Unrecht getan hatte, lehnte Rechthaben und Rechtbekommen durch Gewalt ab:

Noch während er redete, kam eine Schar Männer, und einer der Zwölf, nämlich Judas, ging ihnen voran. Er näherte sich Jesus, um ihn zu küssen. Jesus aber sagte zu ihm: Judas, durch einen Kuß verrätst du den Menschensohn? Als seine Begleiter merkten, was vorging, fragten sie: Herr, sollen wir mit dem Schwert dreinschlagen? Und einer von ihnen schlug auf den Sklaven des Hohenpriesters ein und hieb ihm das rechte Ohr ab. Jesus aber rief: Laßt das! Hört auf! Und er berührte das Ohr und heilte den Mann. Zu den Hohenpriestern, den Hauptleuten der Tempelwache und zu den Ältesten, die auf ihn zukamen, sagte Jesus: Mit Schwertern und Knüppeln seid ihr ausgezogen wie gegen einen Räuber. Als ich Tag für Tag bei euch im Tempel war, habt ihr nicht gewagt, mir etwas anzutun. Aber jetzt ist eure Stunde da, jetzt hat die Finsternis die Macht.

(Lk 22, 47–53)

Es ist schwer nachzumachen, was Jesus vorgemacht hat. Vielleicht kann das kein Mensch. Christen sollten es jedoch versuchen. Sie sollten es wenigstens nicht umgekehrt machen: Sie sollten keine Gewalt anwenden, sondern miteinander reden. Durch Reden und Verhandeln kann viel Streit und viel Leid verhindert werden.

▷ *Hoherpriester*

Glauben und Fragen

Die Synagoge der Juden

Das jüdische Volk hat eine lange, bewegte Geschichte hinter sich. Das gilt für die Zeit von Abraham bis Christus, aber auch für das Schicksal des Volkes in der Zeit von Christus bis heute.
Heute leben in der Bundesrepublik Deutschland rund 28 000 Juden. Um 1931 waren es in Deutschland rund 500 000. In den Jahren von 1933–1945 wurden die Juden in Deutschland verfolgt, vertrieben oder ermordet. In unserem Staat gibt es zur Zeit noch 65 jüdische Gemeinden, die sich regelmäßig am Sabbat zu ihren Gottesdiensten treffen.

Vom jüdischen Gottesdienst

Der Evangelist Lukas erzählt, daß Jesus in Nazaret nach seiner Gewohnheit an einem Synagogengottesdienst teilgenommen hat. Dieser setzt sich bis heute aus drei Elementen zusammen: Gebet, Thora-Lesung und anschließende Schrifterklärung. Die Thora – das sind die fünf Bücher Moses. Zu Beginn des jüdischen Gottesdienstes werden die verhüllten Thora-Rollen aus dem heiligen Schrein geholt.
Diese Form des Gottesdienstes hat ihre Anfänge schon in der babylonischen Gefangenschaft der Juden.

Der Sabbat

Den Sabbat feiern die Juden als den göttlichen Ruhetag. Er beginnt bereits am Freitagabend. An den Gottesdienst in der Synagoge schließt sich in den gläubigen Familien das festliche Sabbatmahl zu Hause an. Beim Anzünden der Kerzen spricht die Hausfrau ein erstes Lobgebet. Vor dem Vater steht der Kelch mit Wein und daneben liegen die Sabbatbrote. Nachdem die Mutter Platz genommen hat, setzen sich auch der Vater und die Kinder. Dann spricht der Vater den Segen über den Wein. Danach trinkt die Familie von dem Wein, wäscht sich die Hände und dankt Gott. Das festliche Mahl beginnt.

Das jüdische Volk ist am Leben geblieben, weil gläubige Juden immer wieder treu zu ihrem Versprechen standen: „Alles, was der Herr gesagt hat, wollen wir tun.“

▷ *Juden*
▷ *Sabbat*

Religiöse Gruppen bei uns

Neun von zehn Bürgern der Bundesrepublik Deutschland bekennen sich zum Christentum, als katholische oder als evangelische Christen. Neben diesen beiden großen Konfessionen gibt es verschiedene kleine religiöse Gruppen, oft Sekten genannt, wie z. B. die Neuapostolischen oder die Zeugen Jehovahs.
Durch die vielen ausländischen Arbeitnehmer, Studenten und Gäste haben wir inzwischen viele Menschen kennengelernt, die keine Christen sind:

Muslim	=	Anhänger des Islam aus den arabischen Ländern und der Türkei
Hindus	=	Anhänger des Hinduismus aus Indien
Buddhisten	=	Gläubige des Buddhismus aus Ostasien

In fast jeder Schule sind Kinder, die der islamischen Religion angehören. Sie können ihren Mitschülern über ihre religiösen Gewohnheiten erzählen.

Das Gebetshaus der Muslim heißt Moschee. Vom Turm der Moschee, aus dem Minarett, ruft der Muezzin zum Gebet. Fünfmal am Tag beten die gläubigen Muslim zu Gott. Vorher waschen sie sich Gesicht, Hände und Füße. Sie knien zum Gebet auf einem Teppich.
Gläubige Muslim essen kein Schweinefleisch und trinken keinen Alkohol. Höhepunkt im Leben ist für sie die Pilgerfahrt nach Mekka, der „heiligen Stadt".
Das heilige Buch der Muslim ist der Koran. Es geht auf den Propheten Mohammed zurück. Im Koran erkennen die Muslim auch Jesus als großen Propheten an, aber nicht als Gottes Sohn.

Die wichtigste Überzeugung der Muslim:
Es gibt keinen Gott außer Allah, und Mohammed ist sein Prophet.

Ich gehöre zur Kirche

Menschen suchen Gemeinschaft

Sonja und Helmut verbrachten mit ihren Eltern einen Winterurlaub in Füssen. Dabei lernten sie zum ersten Mal in ihrem Leben den Eissport kennen und waren davon begeistert. Sie erinnerten sich: auch an ihrem Wohnort gab es einen Eissportverein. Sonja und Helmut wollten ihm jetzt unbedingt beitreten, um in der Gemeinschaft der Sportsfreunde nun auch eislaufen zu lernen. Aber würden ihre Eltern ihnen das erlauben?

Kirche ist Gemeinschaft vor Gott

Zur Kirche gehört ein Mensch durch Glauben und Taufe. Die Kirche vereint ganz verschiedene Menschen: alte und junge, reiche und arme, kranke und gesunde, schwarze, weiße und gelbe – all diese Unterschiede haben vor Gott keine Bedeutung mehr.
In der alten Kirche wurde der herkömmliche Unterschied zwischen Juden und Heiden noch stark erlebt. Darum schreibt Paulus den Gläubigen in den Städten Kleinasiens:

Christus selbst ist unser Friede. Er vereinigte Juden und Heiden und riß durch sein Sterben die trennende Wand der Feindschaft nieder. Er kam und verkündete Frieden: euch, den Fernen, und uns, den Nahen. Durch ihn haben wir beide in dem einen Geist Zugang zum Vater. Ihr seid also jetzt nicht mehr Fremde ohne Bürgerrecht, sondern Mitbürger der Heiligen und Hausgenossen Gottes. Ihr seid auf das Fundament der Apostel und Propheten gebaut; der Schlußstein ist Christus Jesus selbst. Durch ihn wird der ganze Bau zusammengehalten und wächst zu einem heiligen Tempel im Herrn. Durch ihn werdet auch ihr im Geist zu einer Wohnung Gottes erbaut. (Eph 2, 14–22)

Worte Jesu Christi über die Kirche

Ich sage dir: Du bist Petrus, und auf diesen Felsen werde ich meine Kirche bauen, und die Mächte der Unterwelt werden sie nicht überwältigen. (Mt 16, 18)

Darum geht zu allen Völkern und macht alle Menschen zu meinen Jüngern, tauft sie auf den Namen des Vaters und des Sohnes und des Heiligen Geistes und lehrt sie, alles zu befolgen, was ich euch geboten habe. Und ich bin bei euch alle Tage bis zur Vollendung der Welt.

(Mt 28, 19–20)

▷ *Kirche*

Ein Missionar erzählte einmal von einem Fremden, der auf einer Südseeinsel gelandet war. Ein Eingeborener trug ihm sein Gepäck zum Dorf. Dabei kamen sie an einer einfachen Holzkirche vorbei; die Tür stand offen. Da machte der Eingeborene davor eine Kniebeuge und ein Kreuzzeichen. Der Fremde begann, ihn zu verspotten; er sagte auch: „Was hast du Dummkopf denn davon, daß du ein Christ geworden bist? Du bist ein armer Teufel wie zuvor geblieben."
Da antwortete ihm der Gepäckträger: „Ich will Ihnen gar nicht erklären, was ich davon habe. Ich will Ihnen nur sagen, was Sie davon haben. Früher, wenn ein Schiff bei uns anlegte, haben wir oft die Reisenden überfallen; dort hinten an dem Stein wurden sie geschlachtet und aufgegessen. Das tun wir nicht mehr, weil wir Christen geworden sind."

Die Kirche verkündet allen Menschen, daß sie Brüder und Schwestern vor Gott sind. Dennoch verhalten sich auch Christen oft nicht als Brüder und Schwestern. Es gibt auch unter ihnen Streit, Feindschaft und Krieg. Die Sünden der Christen machen manche Menschen irre an der Kirche.
Jesus wußte, daß es so kommen würde. Er erzählte seinen Jüngern das Gleichnis vom Unkraut unter dem Weizen.

Mit dem Himmelreich ist es wie mit einem Mann, der guten Samen auf seinen Acker säte. Während nun die Leute schliefen, kam sein Feind, säte Unkraut unter den Weizen und ging wieder weg. Als die Saat aufging und sich die Ähren bildeten, entdeckte man auch das Unkraut. Da liefen die Knechte zu dem Gutsherrn und sagten: Herr, hast du nicht guten Samen auf deinen Acker gesät? Woher kommt dann das Unkraut? Er antwortete: Das hat ein Feind von mir getan. Da sagten die Knechte zu ihm: Sollen wir gehen und es ausreißen?
Er entgegnete: Nein, sonst reißt ihr dabei auch den Weizen aus. Laßt beides wachsen bis zur Ernte. Wenn dann die Zeit der Ernte da ist, werde ich den Arbeitern sagen: Sammelt zuerst das Unkraut und bindet es in Bündel, um es zu verbrennen; den Weizen aber bringt in meine Scheune. (Mt 13, 24–30)

Jeder Christ muß sich fragen: Wenn andere mich beobachten – welches Bild von Christentum und Kirche gewinnen sie an mir?

▷ *Mission* ▷ *Teufel*

Hören und sehen

Die Erde ist eine Kugel mit einem Durchmesser von 12 756 km, sie dreht sich in 24 Stunden um sich selbst und bewegt sich in 365 Tagen einmal um die Sonne. Vom Mond aus fotografiert sieht sie wie ein blauer Stern aus.
Aber was ist damit schon über unsere Erde ausgesagt?
Was die Erde für uns ist, kann nicht einfach mit Entfernungen, Geschwindigkeiten und Farben ausgedrückt werden.

Claudia ist 1,60 m groß, wiegt vierzig Kilo, ist blond und hat graue Augen.
Aber was ist damit schon über Claudia ausgesagt?
Was ein Mensch ist, kann man nicht einfach zählen, messen und wiegen.

Tom und Rob gelten als Freunde; sie treffen sich jede Woche mindestens dreimal, fahren gemeinsam mit dem Rad weg oder spielen und basteln miteinander.
Aber was ist damit schon über die Freundschaft von beiden ausgesagt?
Was eine Freundschaft wert ist, kann man nicht mit den Stunden des wöchentlichen Zusammenseins berechnen.

In der Geschichte vom kleinen Prinzen erklärt der kluge Fuchs dem Prinzen ein Geheimnis. Er sagt: Man sieht nur mit dem Herzen gut. Das Wesentliche ist für das Auge unsichtbar.

▷ *Wunder*

Wir wissen, wie sich das Licht bricht,
aber das Licht bleibt ein Wunder.
Wir wissen, wie die Pflanze wächst,
aber die Pflanze bleibt ein Wunder.
So ergeht es uns mit allen Dingen auf dieser Welt;
Wir besitzen viele Kenntnisse,
doch die Schöpfung bleibt ein Wunder.

Albert Schweitzer

2. Kein Land, kein Volk ist auf der Erd, / das nicht allzeit die Kunde hört, / die umhergeht im Reigen. / Vom Aufgang bis zum Niedergang / erhallt ihr Ruf, erschallt ihr Klang, / des Schöpfers Macht zu zeigen.

3. Die Sonne ist des Himmels Ehr, / doch dein Gesetz, Herr, noch viel mehr, / das du uns hast gegeben; / so trostreich, so gerecht und wahr, / so licht und mehr als sonnenklar / erhellt es unser Leben.

4. Behüt mich vor der stolzen Welt, / die allen Sinn dahin gestellt, / von dir mich abzuwenden. / Wann sie nicht wird mein Meister sein, / so bleib ich, durch die Gnade rein, / in deinen guten Händen.

5. Alsdann sei dir all mein Gebet, / das zu dem Thron der Gnade geht, / mehr lieb, als es gewesen. / Du bist mein Schutz, o starker Gott, / du wirst mich ja in aller Not / durch deine Kraft erlösen.

Gotteslob Nr. 263

Woher kommt die Welt?

Immer schon haben die Menschen gefragt,
woher die Welt kommt; woher all das Gute,
mit dem sie unser Leben erhält;
und woher all das Gefährliche und Tödliche in ihr.

Sinnbilder für die Ordnung der Welt waren den Menschen oft Sonne, Mond und Sterne; sie galten als göttliche Mächte, wie die beiden altägyptischen Darstellungen zeigen. Überall erzählten die Menschen von Göttern und Mächten, die in der Welt wirken und sie beherrschen; ihnen brachten sie Opfer dar, suchten sie zu besänftigen und günstig zu stimmen. Wir wissen längst, daß Sonne, Mond und Sterne keine Götter sind – aber Sinnbilder für die gute, bleibende Ordnung der Welt können sie auch uns noch sein. Wir wissen auch, daß die Welt nicht immer so war, wie sie heute ist. Die Menschen und die Welt haben sich im Lauf von vielen Millionen Jahren immer wieder verändert und entwickelt.

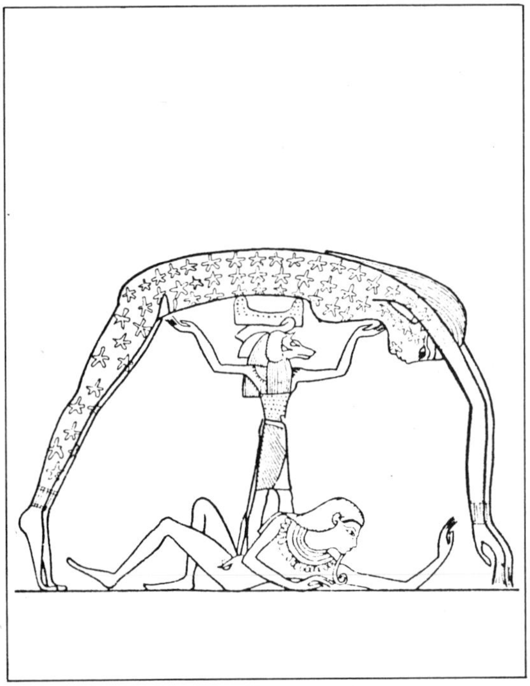

Die Naturwissenschaftler – Astronomen, Geologen, Biologen und viele andere – haben die Naturgesetze erforscht und über das Werden unserer Welt viele Tatsachen festgestellt. Aber sie können nicht erklären, warum die Welt überhaupt geworden ist, und wozu wir Menschen leben.
Für die Zukunft befürchten manche, daß die Erde die vielen Menschen nicht mehr ernähren kann, wenn die Menschen nicht lernen, miteinander in Frieden zu leben und zusammenzuarbeiten. Dafür müssen künftig alle mitwirken.
Christen sagen: Die Welt kommt von Gott; er steht hinter ihr. Er ist mit uns; wir sind in seinen guten Händen. Gott hilft uns weiter.

So mögen die Neandertaler-Menschen ausgesehen haben, die vor etwa 120 000 Jahren lebten.

Riesige Tiere – die Saurier – lebten vor etwa 160 Millionen Jahren.

Vor einigen Milliarden Jahren war die Erde vermutlich noch mit einer dicken Wolkenhülle bedeckt.

Das Wessobrunner Gebet
(aus dem 9. Jahrhundert)

Das erfuhr ich
bei den Menschen
als der Wunder größtes,
daß die Erde nicht war
noch das Himmelsgewölbe,
noch irgendein Baum noch Berg
nicht war,
noch die Sonne nicht schien,
noch der Mond nicht leuchtete,
noch das glänzende Meer.
Als da nichts war an Enden und Wenden,
da war der eine allmächtige Gott,
der Männer mildester,
und da waren auch viele mit ihm,
gute Geister, und der heilige Gott . . .

Loblied auf den verborgenen Gott

Die Bibel beginnt mit einem kleinen Satz, der ein großes Bekenntnis ausspricht:

Im Anfang hat Gott Himmel und Erde geschaffen

Im Bild einer Arbeitswoche wird dann in der Bibel dargestellt,
daß Gott alles, was es gibt, erschaffen hat.
Nichts ist Gott außer ihm, auch nicht Sonne, Mond und Sterne.

Im 1. Mosebuch heißt es:

Die Erde war wüst und wirr, Finsternis lag über der Urflut, und Gottes Geist schwebte über dem Wasser.

Gott sprach: Es werde Licht. Und es wurde Licht. Gott sah, daß das Licht gut war. Gott schied das Licht von der Finsternis; und Gott nannte das Licht Tag und die Finsternis nannte er Nacht. Es wurde Abend, und es wurde Morgen:

der erste Tag

Dann sprach Gott: Eine Wölbung entstehe mitten im Wasser und scheide Wasser von Wasser. Gott machte die Wölbung und schied das Wasser unterhalb vom Wasser oberhalb der Wölbung. So geschah es, und Gott nannte die Wölbung Himmel. Es wurde Abend, und es wurde Morgen:

der zweite Tag

Dann sprach Gott: Das Wasser unterhalb des Himmels sammle sich an einem Ort, damit das Trockene sichtbar werde. So geschah es. Das Trockene nannte Gott Land, und das angesammelte Wasser nannte er Meer. Dann sprach Gott: Das Land lasse Grünes wachsen, alle Arten von Pflanzen und Bäumen. So geschah es. Gott sah, daß es gut war. Es wurde Abend, und es wurde Morgen:

der dritte Tag

Dann sprach Gott: Lichter sollen am Himmelsgewölbe sein, um Tag und Nacht zu scheiden. So geschah es. Gott machte die beiden großen Lichter, das größere, das über den Tag herrscht, das kleinere, das über die Nacht herrscht, auch die Sterne. Gott sah, daß es gut war. Es wurde Abend, und es wurde Morgen:

der vierte Tag

Dann sprach Gott: Das Wasser wimmle von lebendigen Wesen, und Vögel sollen über dem Land am Himmelsgewölbe dahinfliegen. Gott sah, daß es gut war. Es wurde Abend, und es wurde Morgen:

der fünfte Tag

▷ *Gott*
▷ *Himmel*

Martin Buber erzählt:
Einmal brachte eine Mutter ihren kleinen Sohn zum Rabbi.
Da fragte der Rabbi den Jungen: „Ich gebe dir einen Gulden, wenn du mir sagst, wo Gott wohnt."
Der Junge antwortete: „Und ich gebe dir zwei Gulden, wenn du mir sagen kannst, wo er nicht wohnt."

Seit Jesus Christus zu uns gekommen ist, ist Gott nicht mehr verborgen, auch wenn wir ihn nicht sehen. Jesus sagte: Wer mich sieht, sieht den Vater.

Dann sprach Gott: Das Land bringe alle Arten von lebendigen Wesen hervor, von Vieh, von Kriechtieren und von Tieren des Feldes. So geschah es. Gott sah, daß es gut war. Dann sprach Gott: Laßt uns Menschen machen. Sie sollen herrschen über die Fische des Meeres, über die Vögel des Himmels, über das Vieh, über die ganze Erde. Gott schuf also den Menschen als sein Abbild; als Abbild Gottes schuf er ihn. Als Mann und Weib schuf er sie. Gott sah, daß alles, was er gemacht hatte, sehr gut war. Es wurde Abend, und es wurde Morgen:

der sechste Tag

▷ *Wind*
▷ *Wolke*
▷ *Feuer*

Am siebten Tag

erklärte Gott sein Werk, das er vollbracht hatte, für beendet, und er ruhte am siebten Tag. Gott segnete den siebten Tag und erklärte ihn für heilig.

Den Wind kann man nicht greifen und halten, aber jeder spürt, daß er weht und wirkt. So erkennen wir auch den verborgenen Gott nur aus seinen Werken.

Im Alten Testament sind der Sturm, die Wolke und das Feuer Bilder für den gegenwärtigen und wirkenden Gott. Die Menschen im Alten Testament lebten in der Überzeugung: Gottes Angesicht können wir nicht schauen; wir müßten sonst sterben.

Hoffen trotz Leiden

Wie lange noch, Herr, vergißt du mich ganz?
Wie lange noch verbirgst du dein Angesicht vor mir?
Wie lange noch muß ich Schmerzen ertragen in meiner Seele,
in meinem Herzen Kummer Tag für Tag?
Wie lange noch darf mein Feind über mich triumphieren?
Blick doch her, erhöre mich, Herr, mein Gott,
erleuchte meine Augen, damit ich nicht entschlafe und sterbe.

(Ps 15, 2–4)

Manchmal suchen Naturkatastrophen ganze Landstriche heim. Erdbeben, Überschwemmungen, Stürme, Vulkanausbrüche – dagegen sind die Menschen fast hilflos. Aber über alle Landesgrenzen hinweg suchen dann gute Menschen den betroffenen Opfern zu helfen. Die Caritas, das Rote Kreuz, internationale Hilfsaktionen greifen ein.
Den einzelnen Menschen können andere Schicksalsschläge treffen. Krankheiten, Unglücksfälle, Verbrechen bringen schweres Leid über manche Familien. Nicht immer kann man ihnen dann helfen.
Viele meinen, Gott dürfe doch in seiner Liebe und Güte solche Leiden nicht zulassen. Aber offensichtlich greift Gott in die Vorgänge der Natur nicht ständig wunderbar ein, und er läßt den Menschen ihren freien Willen, auch wenn sie ihn zum Schaden anderer gebrauchen. So wird es immer wieder Leid geben.
Die Menschen müssen versuchen, damit fertig zu werden.

Gebet eines Kindes

Lieber Gott, mein Freund Andreas wird neun Jahre. Er kann nichts sehen. Er ist blind auf die Welt gekommen. Aber wenn ich ihm eine Geschichte erzähle, lacht er wie ein gesunder Junge. Er spielt auch gerne.
Gib mir ein gutes Herz für ihn und für alle Kinder, die leiden müssen. Dann freuen sie sich und leben gern.

Aus dem Anzeigenteil einer Zeitung

Wer ist bereit, alle 14 Tage zum Wochenende und in den Schulferien
ein mehrfachbehindertes blindes Kind in Pflege aufzunehmen?

Blindenschule 4790 Paderborn
Leostraße 1

Manchmal glauben Menschen, am Ende ihrer Kraft zu sein. Aber wer sein Leben auf Gott ausrichtet, hat auch dann noch Kraft und Hoffnung, wenn andere sagen: Es ist sinnlos. Es ist hoffnungslos. Es ist zum Verzweifeln.

Christen vertrauen darauf, daß Gott unser eigenes Leben und die Geschichte der ganzen Welt zu einem guten Ende führen wird. Jesus Christus hat gezeigt, wie die Welt Gottes einmal sein wird. Das Reich Gottes ist mit Jesus bereits angebrochen; aber es ist noch nicht in voller Herrlichkeit da.

▷ *Reich Gottes*

2. Er weiß, daß Gottes Hand ihn hält, / wo immer ihn Gefahr umstellt; / kein Unheil, das im Finstern schleicht, / kein nächtlich Grauen ihn erreicht. / Denn seinen Engeln Gott befahl, / zu hüten seine Wege all, / daß nicht sein Fuß an einen Stein / anstoße und verletzt mög sein.

3. Denn dies hat Gott uns zugesagt: / Wer an mich glaubt, sei unverzagt, / weil jeder meinen Schutz erfährt; / und wer mich anruft, wird erhört. / Ich will mich zeigen als sein Gott, / ich bin ihm nah in jeder Not; / des Lebens Fülle ist sein Teil, / und schauen wird er einst mein Heil.

Gotteslob Nr. 291

Behindertenolympiade in Toronto 1976

Können Behinderte eine eigene Olympiade machen?
1976 in Toronto haben sie es getan.
Sie haben sich und anderen damit gezeigt, daß sie trotz ihrer Leiden mehr können, als man ihnen zutraut.
Sie haben sich und anderen Mut gemacht.

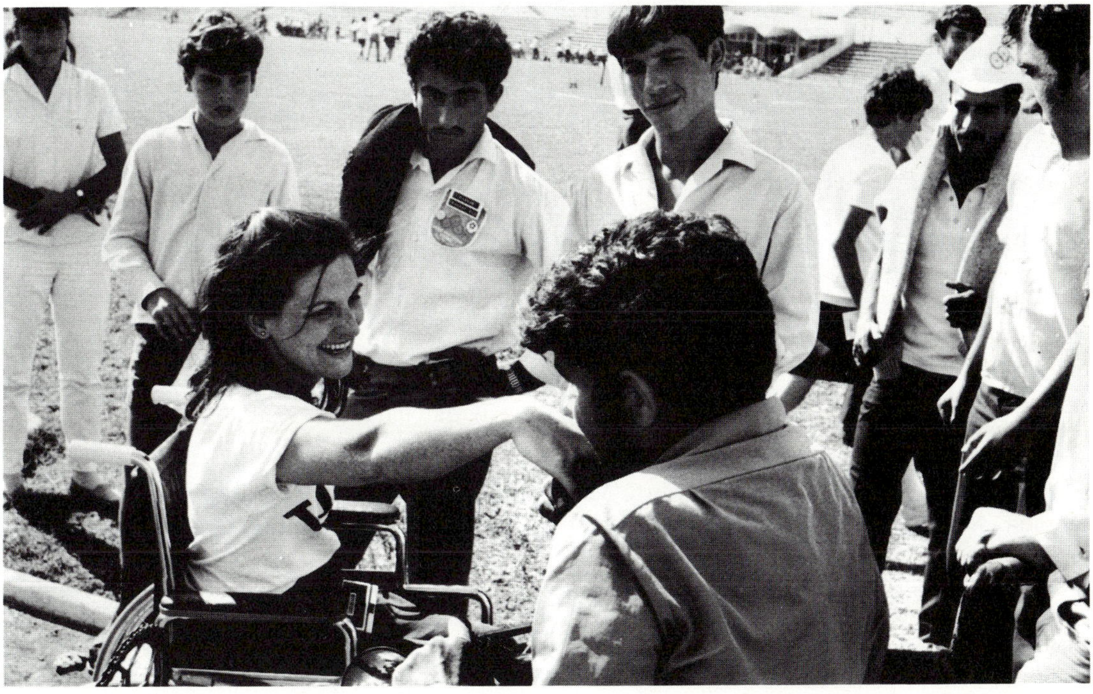

Menschen suchen und fragen

Solche Bilder haben Menschen vor vielen tausend Jahren auf die Felswand einer Höhle gemalt. Die Menschen sind längst dahingegangen; nur wenige Funde von ihnen und die Bilder, die sie hinterlassen haben, zeigen uns etwas von ihren Sorgen um die tägliche Nahrung, und von ihrem Fragen und Suchen.
Seitdem haben die Menschen unendlich vieles hinzugelernt. Sie gewinnen ihre Nahrung nicht mehr nur von der Jagd; sie bebauen die Erde, sie heben Bodenschätze, sie schaffen in Fabriken neue Werkstoffe und staunenswerte Maschinen. Aber ihr Fragen und Suchen ist so unersättlich geblieben wie eh und je.
Denn die Wissenschaften, die wir betreiben, sagen uns nicht, welchen Sinn unser Leben hat. Die Technik, die wir beherrschen, bringt uns nicht das bleibende Glück.

„Ich weiß, daß ich nichts weiß"

Im alten Athen, etwa 500 Jahre vor Christus, lebte der weise Sokrates. Er redete mit den Leuten auf dem Markt über alle Fragen, die Menschen bewegen; vor allem über das Gute und über das Glück, das die Menschen suchen. Sokrates wußte viel und war ein geschickter Lehrer; dennoch pflegte er zu sagen: „Ich weiß, daß ich nichts weiß."

Sokrates hoffte auf ein besseres Leben nach dem Tod und starb zuversichtlich und gelassen, als ihn die Athener unschuldig zum Tod verurteilten. Seine Gegner hatten ihn nämlich angeklagt, daß er mit seinen vielen Fragen die Götter beleidigt und die Jugend verdorben habe.

Wer fragt, kann in die Welt hinaus lauschen und Antworten suchen. Er kann in sich selbst hinein hören und die Antwort finden wollen.
Aber die letzte Antwort auf unser Fragen und Suchen gibt uns nicht die Welt und gibt uns nicht unser eigenes Herz.
Gott selbst ist die Antwort; wenn er uns nicht anredet, bleiben wir im Ungewissen.
Aber Gott sagt zu uns: Ich bin da. Mir könnt ihr vertrauen.

Aus Psalm 25

Zeige mir, Herr, deine Wege, lehre mich deine Pfade!
Führe mich in deiner Treue und lehre mich,
denn du bist der Gott meines Heiles.
Auf dich hoffe ich allzeit.
Gut und gerecht ist der Herr,
darum weist er die Irrenden auf den rechten Weg.
Die Demütigen leitet er nach seinem Recht,
die Gebeugten lehrt er seinen Weg.
Alle Pfade des Herrn sind Huld und Treue
denen, die seinen Bund und seine Gebote bewahren.

▷ *Jahwe* ▷ *Offenbarung*

Wir sind unterwegs

Jesus sagte zu seinen Jüngern:

Das ganze Leben lang
sind die Menschen unterwegs –
nicht zu Hause in einer
bleibenden Heimat,
nicht gesichert in einem
unzerstörbaren Glück.
Christen täuschen sich
darüber nicht.
Bei allem, was sie tun,
fragen sie:
Welcher Weg führt zu
Gott?
„Wegweiser“ und
„Orientierungspunkte“ auf
dem Weg zu Gott können sein:

- Erfahrungen der Eltern
- der Religionsunterricht
- die Gemeinschaft der Kirche
- gute Menschen um uns
- heilige Menschen
- Jesus Christus
- Gottes Wort in der Bibel
- das Gebet zu Gott

*Euer Herz sei ohne Angst! Glaubt an Gott und glaubt an mich!
Im Haus meines Vaters sind viele Wohnungen.
Wenn es nicht so wäre, hätte ich euch dann gesagt:
Ich gehe hin, um euch einen Platz zu bereiten?
Wenn ich hingegangen bin und euch einen Platz bereitet habe,
komme ich wieder und werde euch zu mir holen,
damit auch ihr dort seid, wo ich bin. Ihr kennt den Weg,
wohin ich gehe.*

*Tomas sagte zu ihm: Herr, wir wissen nicht, wohin du gehst;
wie sollen wir den Weg kennen? Jesus sprach zu ihm:
Ich bin der Weg und die Wahrheit und das Leben;
niemand kommt zum Vater außer durch mich. Wenn ihr mich
erkannt habt, werdet ihr auch meinen Vater erkennen.
Schon jetzt erkennt ihr ihn und habt ihn gesehen.*

(Joh 14, 1–7)

2. Singet Lob unserm Gott, / der unser Vater ist, / der uns liebt, Schuld vergibt / durch den Herrn Jesus Christ. / Lob sei ihm. Halleluja.
3. Singet Lob unserm Gott, / der uns geboten hat, / eins zu sein, wahr und rein / im Wort und in der Tat. / Lob sei ihm. Halleluja.
4. Singet Lob unserm Gott, / der uns gerufen hat / in sein Reich, uns zugleich / annahm an Kindes Statt. / Lob sei ihm. Halleluja.
5. Singet Lob unserm Gott, / der uns nach dieser Zeit / neu belebt und erhebt / in seine Herrlichkeit. / Lob sei ihm. Halleluja.

Gotteslob Nr. 260

▷ *Weg*

Unterwegs

Menschen vor Gott in Freude und Leid

Die Menschen teilen sich einander mit:
Durch Gesten, Wörter, Lieder, Bilder; durch Geschriebenes und Gedrucktes; durch Sendungen in Radio und Fernsehen.
Auch Gott hat sich uns Menschen mitgeteilt, in all seinen Werken und Taten. Und immer, in Freude und Leid, haben die Menschen Gott geantwortet.

So antworten Menschen in Afrika:

Wir sind erwacht. Der Schlaf ist noch in unseren Augen, aber auf unseren Lippen soll sofort dein Lob sein. Wir loben und wir preisen dich und beten dich an. Wir, das ist die Erde, das Wasser und der Himmel. Das sind die Gräser und Sträucher und Bäume. Das sind die Vögel und all das andere Getier. Das sind die Menschen hier auf der Erde. Alles, was du erschaffen hast, freut sich an deiner Sonne und an deiner Gnade und wärmt sich daran. Darum sind wir so froh in dieser Morgenstunde, o Herr. Mach, daß die Stunden und Minuten nicht in unseren Händen zerrinnen, sondern in deine Fülle münden.

▷ *Licht*

So antwortete Franz von Assisi:

Gelobt seist du, mein Herr,
mit allen deinen Geschöpfen:
vornehmlich mit der edlen Herrin
Schwester Sonne,
die uns den Tag schenkt durch ihr Licht.
Und schön ist sie
und strahlend in großem Glanze;
dein Sinnbild, Höchster!
Gelobt seist du, mein Herr,
durch Bruder Mond und die Sterne;
am Himmel schufest du sie,
leuchtend und kostbar und schön.
Lobet und preist meinen Herrn,
und danket und dienet ihm in tiefer Demut.

Als Pastor Dietrich Bonhoeffer während des Zweiten Weltkrieges unschuldig im Gefängnis saß und auf seine Verurteilung wartete, betete er für sich und seine Mitgefangenen:

Gott, zu dir rufe ich in der Frühe des Tages.
In mir ist es finster, aber bei dir ist Licht;
Ich bin einsam, aber du verläßt mich nicht;
ich bin kleinmütig, aber bei dir ist die Hilfe;
ich bin unruhig, aber bei dir ist der Friede;
in mir ist Bitterkeit, aber bei dir ist die Geduld;
ich verstehe deine Wege nicht, aber du weißt den Weg für mich.
Du hast mir viel Gutes erwiesen, laß mich nun auch das Schwere aus deiner Hand hinnehmen.
Du wirst mir nicht mehr auflegen, als ich tragen kann.
Du läßt deinen Kindern alle Dinge zum Besten dienen.

Mutter Teresa arbeitet in Indien bei Kranken und Sterbenden, bei denen, um die sich sonst niemand mehr kümmert.
Bischof Helder Camara setzt sich in Südamerika, ganz besonders in Brasilien, wo er Bischof ist, für die ein, die gar nichts haben.
So tragen sie ihre Anliegen vor Gott vor:

Die Menschen
ohne ein Dach,
ohne Nahrung,
ohne Kleider,
ohne Gesundheit,
ohne die geringste Bildungsmöglichkeit,
ohne Arbeit,
ohne Zukunft,
ohne Hoffnung,
sind in Gefahr,
ihr Mut entsinkt ihnen,
sie werden zu Menschen ohne Stimme.
Sende, Herr, deinen Geist!
Er allein kann das Angesicht der Erde erneuern!
Er allein wird die Egoismen zerbrechen.
Er allein wird uns helfen, eine Welt zu errichten,
die menschlicher, die christlicher ist.

Vor seinem Leiden ging Jesus mit seinen Jüngern hinaus an den Ölberg und betete: Vater, wenn du es willst, nimm diesen Kelch von mir! Aber nicht mein, sondern dein Wille geschehe! Da erschien ihm ein Engel vom Himmel und gab ihm Kraft. In seiner Angst betete er noch inständiger, und sein Schweiß tropfte wie Blut zur Erde. (Lk 22, 39–44)

Menschen vor Gott in vielen Gebeten

Ein seltsames Gebet

In der Geschichte vom „doppelten Lottchen" erzählt Erich Kästner: Zufällig erfahren zwei Mädchen bei einem Ferienaufenthalt, daß sie Zwillinge sind und ihre Eltern sich haben scheiden lassen. Darum haben sich die beiden Mädchen bisher nicht gekannt; das eine war beim Vater, das andere bei der Mutter. Die Zwillinge bringen es fertig, daß ihre Eltern sich treffen und aussprechen. Sie hoffen, daß sich die beiden wieder aussöhnen; aufgeregt blikken sie durchs Schlüsselloch in das Zimmer, in dem die Eltern sind; und ein Mädchen sagt: „Komm, Herr Jesus, sei unser Gast und segne, was du uns bescheret hast."
Die Geschichte nimmt ein gutes Ende; die Eltern versöhnen sich. Aber was soll man von dem Gebet des doppelten Lottchen halten?

Kinder beten zu Gott

In der Schule:

In meiner Schule sind viele Kinder. Alle müssen lernen wie ich. Manchmal ist es einfach, manchmal ist es schwer. Unsere Lehrer haben viel Mühe, uns alles gut zu erklären. Schenke du ihnen Geduld mit uns. Gib uns Freude am Lernen. Laß uns Streit schnell vergessen und uns gegenseitig gern helfen. Sei bei uns, Herr, auch in der Schule.

Am Morgen:

Gott, Vater im Himmel, ein neuer Tag hat angefangen; du schenkst ihn mir. Ich freue mich und danke dir, daß ich ihn leben darf. Vor allem danke ich dir, daß du überall und immer bei mir bist und mich allezeit liebst; das macht mich froh. Zeige mir heute, was recht und was unrecht ist. Hilf mir, gut zu sein.

Am Abend:

Ich bin müde. Ich habe ein warmes Bett. Darin kann ich gut schlafen. Du bist bei mir, lieber Gott, und ich habe keine Angst. Du bist da – und Vater und Mutter. Segne uns alle und schenke uns allen eine gute Nacht.

Gebet der Vereinten Nationen

Herr, unsere Erde ist nur ein kleines
Gestirn im großen Weltall.
An uns liegt es, daraus einen Planeten
zu machen, dessen Geschöpfe nicht
von Kriegen gepeinigt werden,
nicht von Hunger und Furcht gequält,
nicht zerrissen in sinnlose Trennung nach
Rasse, Hautfarbe oder Weltanschauung.
Gib uns den Mut und die
Voraussicht, schon heute mit diesem Werk
zu beginnen, damit unsere Kinder
und Kindeskinder einst mit
Stolz den Namen Mensch tragen.

Jesus lehrt beten

▷ *Gebet*

Als Jesus als Wanderprediger durch Galiläa zog und ihm viele Menschen folgten, suchte er immer wieder einen Ort, wo er allein war. Dort betete er zu seinem Vater. Seine Jünger dachten: Wenn wir nur auch so beten könnten!

Darüber erzählt der Evangelist Markus weiter:

In der Frühe, als es noch dunkel war, stand er auf und ging in eine einsame Gegend, um zu beten. Simon und die anderen, die bei ihm waren, eilten ihm nach. Als sie ihn fanden, sagten sie zu ihm: Alle suchen dich. Er antwortete: Laßt uns von hier weg in die benachbarten Orte gehen; ich will auch dort predigen, denn dazu bin ich gekommen.

(Mk 1, 35–38)

Der Evangelist Lukas erzählt:

Die Jünger Jesu wußten nicht, wie sie beten sollen. Deshalb gingen sie zu Jesus und sagten: „Herr, zeige uns, wie wir richtig beten können!" Jesus lehrte sie das Vaterunser und sagte: „So sollt ihr beten!"
Deshalb beten die Christen in jeder Meßfeier das Vaterunser. (Lk 11, 1–2)

Vater unser im Himmel,
geheiligt werde dein Name.
Dein Reich komme.
Dein Wille geschehe,
wie im Himmel so auf Erden.
Unser tägliches Brot gib uns heute.
Und vergib uns unsere Schuld,
wie auch wir vergeben unsern Schuldigern.
Und führe uns nicht in Versuchung,
sondern erlöse uns von dem Bösen.

Regeln – Ordnungen – Gebote

Aus den Baderegeln der DLRG

- Nur in sauberem Wasser baden! An unbeaufsichtigten oder verbotenen Stellen lauern tausend Gefahren!
- Nach körperlichen Anstrengungen (Radfahren, Spielen usw.) erst ein Luftbad nehmen, dann ins Wasser gehen.
- Niemals mit vollem Magen baden. Auch keine langen Sonnenbäder nehmen.
- Niemals mit Kopfsprung in flaches oder unbekanntes Wasser springen. Immer erst nach der Wassertiefe fragen.

Peter schlendert über die Straße. Es ist Mittag, Die Sonne scheint heiß: kein Mensch ist auf der Straße. Plötzlich sieht er einen Geldbeutel am Straßenrand. Er hebt ihn auf, schaut hinein. Mehr als hundert Mark sind darin!

Johanna hat zugehört, wie ihre Mitschülerin Elfi ihrer Mutter erzählte, die Lehrerin sei grob zu ihr gewesen und habe sie an den Haaren gezogen. In Wirklichkeit hat die Lehrerin sie nur zurechtgewiesen, weil sie im Unterricht geträumt hatte. Aber Elfis Mutter regte sich über die Lehrerin auf. Was sollte Johanna tun?

Karl sollte für seine Mutter im Supermarkt schnell ein paar Lebensmittel holen. Als er dort ankam, war das Geld nicht mehr in seiner Hosentasche. Karl dreht die Tasche um; es war nicht da. Er ging den Weg zurück; nirgends war das Geld. Sollte er denn stehlen statt einzukaufen? Oder sollte er der Mutter jetzt eine erfundene Geschichte erzählen? Oder?

Als das Volk Israel aus Ägypten auszog, empfing es am Berg Sinai durch Mose die Zehn Gebote Gottes.
Die Gebote sollten das Leben des Volkes so gestalten, daß es im Frieden mit Gott und in Gerechtigkeit untereinander leben konnte.

Der Herr sprach zu Mose:

So verkünde es Israels Söhnen:
Ich bin der Herr, dein Gott, der dich herausgeführt hat aus dem Land Ägypten, aus dem Haus der Knechtschaft:

Du sollst keine anderen Götter neben mir haben.
Du sollst den Namen Gottes nicht verunehren.
Gedenke, daß du den Sabbat heiligst.
Du sollst Vater und Mutter ehren.
Du sollst nicht töten.
Du sollst nicht ehebrechen.
Du sollst nicht stehlen.
Du sollst kein falsches Zeugnis geben wider deinen Nächsten.
Du sollst nicht begehren deines Nächsten Frau.
Du sollst nicht begehren deines Nächsten Hab und Gut. (Nach Ex 20)

Menschen stöhnen oft, wenn sie bestimmte Ordnungen einhalten sollen. Dabei denken sie zu wenig daran, daß vor ihnen andere Menschen Erfahrungen gemacht haben, die zu solchen Regeln und Ordnungen führten. Sie wollen uns selbst und unseren Mitmenschen das Leben erleichtern, vor Gefahren schützen, den Menschen Hilfe sein.

▷ *Gebot*

Gottes Gebote verstehen

Martin meint:
Wenn Gott das Lügen oder das Stehlen nicht verboten hätte, könnten wir lügen und stehlen, wie wir wollten.
Sein Vater aber sagt:
Glaubst du wirklich?
Stehlen und Lügen ist doch nicht schlecht, weil es verboten ist.

Umgekehrt:
Es ist deshalb verboten, weil es schlecht ist.

Gott sorgte nicht nur für sein Volk Israel. Er will, daß auch unser Leben gelingt. Er will, daß auch wir in Frieden mit Gott und in Gerechtigkeit untereinander leben können.

Zum Leben der Menschen gehört:

Auf Gott vertrauen
Vor Gott Ehrfurcht haben
Gott lieben
Mit den Eltern zusammenhalten
Für das Leben der Mitmenschen sorgen
Achtung zwischen Mann und Frau
Das Eigentum anderer respektieren
Die Wahrheit reden
Sich selbst beherrschen

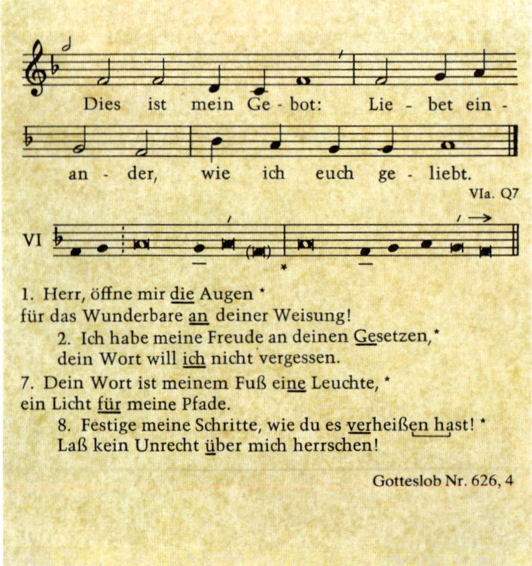

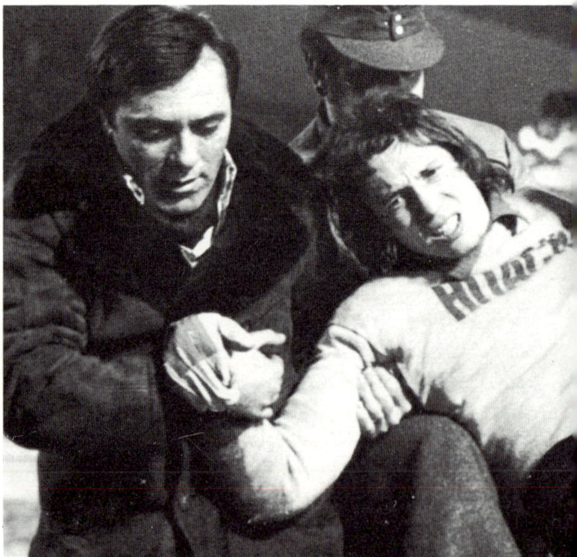

Jesus legt die Gebote Gottes aus

Ein Schriftgelehrter fragte Jesus: Welches Gebot ist das erste von allen?
Jesus antwortete:
Das erste ist: Höre, Israel, der Herr, unser Gott, ist der einzige Herr;
und du sollst den Herrn, deinen Gott, lieben von ganzem Herzen und ganzer Seele,
mit deinem ganzen Denken und all deiner Kraft.
Das zweite ist dies: Du sollst deinen Nächsten lieben wie dich selbst.

Mk 12, 29–31

Jesus hat im Neuen Testament die zehn Gebote im Hauptgebot zusammengefaßt: Gott über alles lieben und den Nächsten wie sich selbst. Jesus ging über alle Gebote des Alten Testaments weit hinaus und erschreckte seine Zuhörer, als er sagte:

Ihr habt gehört, daß gesagt worden ist: Du sollst deinen Nächsten lieben und deinen Feind hassen. Ich aber sage euch: Liebt eure Feinde und betet für die, die euch verfolgen, damit ihr Söhne eures Vaters im Himmel werdet; denn er läßt seine Sonne aufgehen über Bösen und Guten, und er läßt regnen über Gerechte und Ungerechte. (Lk 5, 43–45)

Jesus zählte Beispiele auf, was das Leben der Menschen gut werden läßt:

Hungrige speisen
Durstige tränken
Obdachlose aufnehmen
Nackte bekleiden
Kranke besuchen
Gefangene befreien

Wie könnte diese Liste heute aussehen?
Wir müssen die Liste selber verlängern.

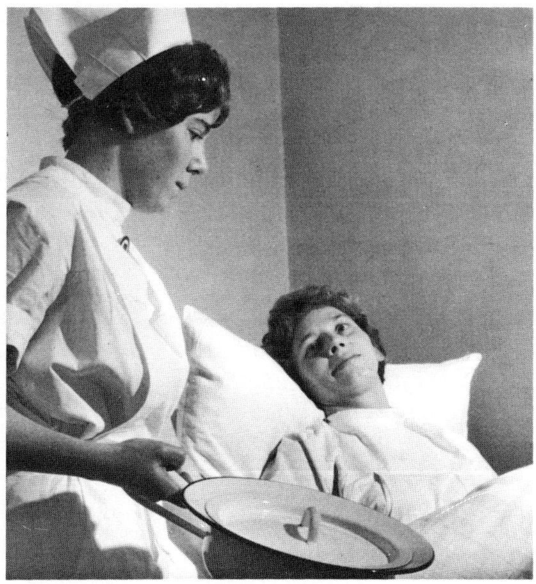

Menschen werden schuldig

Harald und Conny

Harald war bisher mit seinem Schulkameraden Conny gut ausgekommen. Sie mochten sich gern. Wenn sie beim Fußball in derselben Mannschaft waren, spielten sie gut zusammen. Aber gestern hatte es einen heftigen Streit zwischen ihnen gegeben. Harald wußte nicht mehr so recht, warum er damit angefangen hatte – es war bestimmt nichts Wichtiges gewesen. Am Ende hatten sie einander Püffe versetzt und getreten. Schließlich lief Conny hinkend davon, weil Harald ihn unglücklich ans Schienbein getreten hatte.
Heute schaut Conny seinen Freund überhaupt nicht an. Zwar hat ihm Harald ein paar freundliche Worte hingeworfen und ihm in der Pause einen Apfel hingelegt, wie früher manchmal. Der Apfel blieb liegen. Conny sah ihn gar nicht.

Was heißt schuldig werden?

Zu Beginn der Meßfeier lautet das Schuldbekenntnis:
Ich bekenne Gott, dem Allmächtigen, und allen Brüdern und Schwestern, daß ich Gutes unterlassen und Böses getan habe – ich habe gesündigt in Gedanken, Worten und Werken.

▷ *Sünde*

Es gibt vielerlei Arten, wie man mit seiner Schuld umgehen kann:

Man kann sie auf jemand anderen abwälzen . . .

Man kann seine Schuld eingestehen, sich zu ihr bekennen . . .

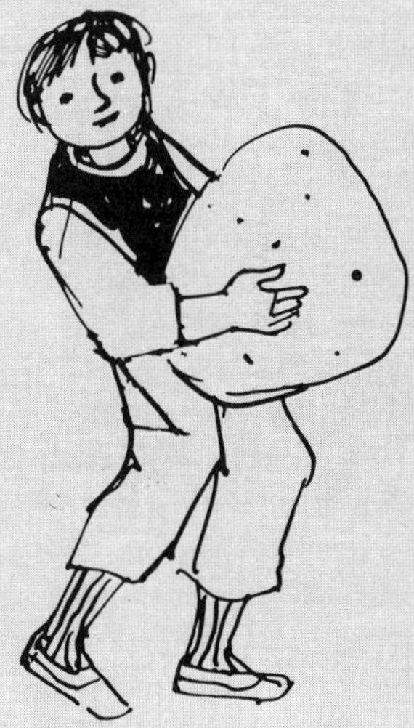

Man kann versuchen, seine Schuld zu beschönigen . . .

Man kann seine Schuld verbergen oder vertuschen . . .

Jesus ruft zur Vergebung auf

Jesus sagt: *Wenn du deine Opfergabe zum Altar bringst
und dir dabei einfällt, daß dein Bruder etwas gegen dich hat,
so laß deine Gabe dort vor dem Altar liegen;
geh und versöhne dich zuerst mit deinem Bruder,
dann komm und opfere deine Gabe.* (Mt 5, 23–24)

Das Gleichnis vom unbarmherzigen Gläubiger

Da trat Petrus zu ihm und fragte: Herr, wie oft muß ich meinem Bruder vergeben, wenn er sich gegen mich versündigt? Siebenmal? Jesus sagte zu ihm: Nicht siebenmal, sondern siebenundsiebzigmal. Mit dem Himmelreich ist es deshalb wie mit einem König, der von seinen Knechten Rechenschaft verlangte. Als er nun mit der Abrechnung begann, brachte man einen Mann zu ihm, der ihm zehntausend Talente schuldig war. Weil er aber das Geld nicht zurückzahlen konnte, befahl der Herr, ihn mit Frau und Kindern und allem, was er besaß, zu verkaufen und so die Schuld zu begleichen. Da fiel der Knecht vor ihm auf die Knie und bat: Hab Geduld mit mir, ich werde dir alles bezahlen! Und der Herr hatte Mitleid mit dem Knecht, schenkte ihm die Freiheit und erließ ihm die Schuld. Als der Knecht hinausging, traf er einen seiner Mitknechte, der ihm hundert Denare schuldig war. Er packte ihn, würgte ihn und rief: Bezahl, was du mir schuldig bist! Da fiel der andere vor ihm nieder und flehte: Hab Geduld mit mir, ich werde es dir zurückzahlen! Er aber wollte nicht, ging weg und ließ ihn ins Gefängnis werfen, bis er die Schuld bezahlt habe. Als seine Mitknechte das sahen, waren sie sehr empört, gingen zu ihrem Herrn und berichteten ihm alles, was geschehen war. Da ließ ihn sein Herr rufen und sagte zu ihm. Du elender Knecht! Deine ganze Schuld habe ich dir erlassen, weil du mich so angefleht hast. Hättest nicht auch du mit deinem Mitknecht Erbarmen haben müssen, so wie ich mit dir Erbarmen hatte? Und in seinem Zorn übergab ihn der Herr den Folterknechten, bis er die ganze Schuld bezahlt habe. Ebenso wird mein himmlischer Vater jeden von euch behandeln, der seinem Bruder nicht aufrichtig vergibt. (Mt 18, 21–35)

Manche Menschen sagen:
Verzeihen kann ich dir schon. Aber vergessen werde ich es dir nie, was du mir getan hast.

In einem Volkslied heißt es: „. . . sie konnten zusammen nicht kommen, das Wasser war viel zu tief."
Manchmal ist „das Wasser" gar nicht so tief; wenn man sich Mühe gibt, kommt man gut mit seinem Nächsten aus.
Man muß nur aufeinander zugehen,
mit ein bißchen
Achtung, Liebe,
Toleranz . . .

Gott verzeiht

Wir loben dich,
Herr Jesus Christ;
denn du verzeihst uns allen.
O Herr,
du hast uns am Kreuz erlöst;
wir danken dir von Herzen.

Gotteslob Nr. 504

Am Osterabend wünschte Jesus seinen Jüngern Frieden und gab ihnen den Auftrag:

„Friede sei mit euch! Wie mich der Vater gesandt hat, so sende ich euch. Nach diesen Worten hauchte er sie an und sprach zu ihnen: Empfanget den Heiligen Geist. Allen, denen ihr die Sünden erlaßt, sind sie erlassen; allen, denen ihr sie nicht erlaßt, sind sie nicht erlassen.“

(Joh 20, 21–23)

Buße und Beichte im Leben der Christen

Immer wieder werden die Menschen schuldig. Wenn ihnen leid ist, was sie getan haben, haben sie verschiedene Möglichkeiten, ihre Schuld loszuwerden. Zuerst sollte immer eine Versöhnung untereinander erfolgen. Versöhnung verlangt viel mehr als eine bloße Wiedergutmachung.
Zu Reue und Versöhnung kann bereits eine Bußfeier den Christen bewegen. Sie ist auch eine gute Vorbereitung auf den Empfang des Bußsakraments. Bei schweren Sünden ist die persönliche Einzelbeichte vor dem Priester notwendig; doch ist sie auch bei geringeren Sünden jedem anzuraten.

Zur Bußfeier gehört eine Einstimmung, eine Lesung aus der Heiligen Schrift, Nachdenken, was man falsch gemacht hat, ein Bußgebet und das Vaterunser mit der Vergebungsbitte: „Der allmächtige Gott erbarme sich unser, er lasse uns die Sünden nach und führe uns zum ewigen

Leben". Manche reichen sich am Schluß zur Versöhnung die Hand. Mit einem Lob- oder Danklied wird die Feier beendet.
Die Beichte ist ein Sakrament. Wenn der Beichtende seine Sünden vor einem Priester bekannt hat, erteilt ihm dieser in der Vollmacht Jesu die Lossprechung:
„So spreche ich dich los von deinen Sünden + im Namen des Vaters und des Sohnes und des Heiligen Geistes".

Monika sagte zu ihrer Lehrerin: „Ich will nicht beichten, ich behalte meine Fehler für mich. Der Priester kann sie sonst jedem weitererzählen." Die Lehrerin antwortete darauf mit der Erzählung vom heiligen Nepomuk.

Die Legende vom heiligen Nepomuk

Vor ungefähr 600 Jahren regierte in Böhmen König Wenzel. Er war ein böser und grausamer Herrscher, der sogar seinen Koch bei lebendigem Leib ins Feuer werfen ließ. Eines Tages wurde der König mißtrauisch. Er ließ seine Frau, die Königin Johanna, zu sich kommen. „Was hast du dem Pfarrer Johannes Nepomuk in der Beichte über mich erzählt?" fragte er sie. Doch die Königin gab ihm keine Antwort. „Dann werde ich eben deinen Beichtvater herbeiführen lassen", sprach der König. Er ließ Johannes Nepomuk zu sich kommen. „Was hat dir meine Frau über mich gesagt?" fuhr er ihn an. Aber Johannes ließ sich nicht einschüchtern. „Und wenn du mich ins Feuer wirfst wie kürzlich deinen Koch, ich werde dir nichts verraten", entgegnete er dem König. Da wurde dieser blaß vor Wut, ließ Johannes Nepomuk an Händen und Füßen fesseln und mitten in der Nacht von der Moldaubrücke aus in den Fluß werfen. Kaum war der Körper in den Wellen untergegangen, da stiegen aus dem Wasser fünf leuchtende Sterne auf. Die Zeugen der grausamen Tat erkannten das Wunder, und die Prager Bürger errichteten für den Toten auf dem Brückengeländer eine Statue.
Das Wunder wurde rasch bekannt. Noch heute findet man auf zahlreichen Brücken einen steinernen Nepomuk. Zum Zeichen des standhaften Schweigens legt er oft den rechten Zeigefinger auf den Mund.

▷ *Sünde* ▷ *Buße* ▷ *Sakrament*

Die Bibel erzählt von Jesus, dem Christus

Leute zur Zeit Jesu

Nikodemus war ein vornehmer Ratsherr und Mitglied des Hohen Rates in Jerusalem. Er hatte viel von Jesus gehört und suchte ihn einmal nachts auf, um ungestört von der Tageshitze mit ihm über seine Botschaft sprechen zu können.

Der Evangelist Johannes erzählt:

Ein Pharisäer mit Namen Nikodemus, ein Ratsherr der Juden, suchte Jesus bei Nacht auf und sagte zu ihm: Rabbi, wir wissen, du bist ein Lehrer, der von Gott gekommen ist; denn niemand kann die Zeichen tun, die du tust, wenn nicht Gott mit ihm ist.
Jesus antwortete ihm: Amen, Amen, ich sage dir: Wenn jemand nicht von oben geboren wird, kann er das Reich Gottes nicht schauen.
Nikodemus antwortete: Wie kann ein Mensch, der alt ist, geboren werden? Er kann doch nicht in den Schoß seiner Mutter zurückkehren und ein zweites Mal geboren werden.
Jesus antwortete: Amen, Amen, ich sage dir: Wenn jemand nicht aus Wasser und Geist geboren wird, kann er nicht in das Reich Gottes kommen.
Nikodemus erwiderte ihm: Wie kann das geschehen?
Jesus antwortete: Du bist Lehrer in Israel und verstehst das nicht? Amen, Amen, ich sage dir: Was wir wissen, davon reden wir; und was wir gesehen haben, das bezeugen wir; und doch nehmt ihr unser Zeugnis nicht an. (Aus Joh 3, 1–12)

Der Evangelist Johannes erzählt, daß Nikodemus Jesus im Hohen Rat mutig verteidigte und nach dem Kreuzestod Jesu an seiner Beerdigung teilnahm.

▷ *Rabbi* ▷ *Taufe* ▷ *Wasser*

Als Jesus geboren wurde, herrschten schon lange die Römer im Land der Juden. Das römische Weltreich umfaßte damals alle Länder rings um das Mittelmeer – von Spanien bis Persien, von Europa bis Afrika. Palästina und seine Hauptstadt Jerusalem waren nur ein winziger Teil des riesigen römischen Weltreiches. Die Juden mußten römische Steuern bezahlen; sie brauchten aber den heidnischen römischen Kaiser nicht als Gott zu verehren.
Viele Juden sehnten sich nach Freiheit vom römischen Joch. Sie hofften auf den Messias, auf einen neuen David, der die Römer aus dem Land treiben sollte.
Das Land selber war unter die Söhne des Königs Herodes aufgeteilt worden. Über die wichtigsten Teile des Landes herrschte ein rö-

mischer Landpfleger. Als Jesus dem Volk predigte, war Pontius Pilatus Landpfleger. Er regierte grausam, und viele haßten ihn.
Der Hohe Rat in Jerusalem konnte aber ohne seine Zustimmung keine wichtigen Dinge mehr entscheiden.
Die Juden waren zumeist arme Leute: Bauern, Fischer, Hirten. Reich waren nur manche Kaufleute und Beamte, auch Zöllner, die im Dienst der Römer standen. Die angesehensten Leute unter den Juden waren die Pharisäer und Schriftgelehrten.
Die Ärmsten zur Zeit Jesu – und auch später noch – waren die Aussätzigen. Sie waren wirklich wegen ihrer Krankheit von aller Gemeinschaft mit den anderen Menschen ausgestoßen, buchstäblich „ausgesetzt".

Der Evangelist Markus erzählt:

Da kam ein Aussätziger zu Jesus, fiel vor ihm nieder und bat ihn: Wenn du willst, kannst du mich rein machen. Jesus hatte Mitleid mit ihm, streckte die Hand aus, berührte ihn und sagte: Ich will es: Werde rein! Sofort wich der Aussatz von ihm, und er war rein. Jesus schickte ihn weg und schärfte ihm ein: Sag niemand ein Wort davon, sondern geh, zeige dich dem Priester und bringe das Reinigungsopfer dar, das Mose angeordnet hat; das soll für sie ein Beweis deiner Heilung sein. (Mk 1, 40–44)

▷ *Israel*
▷ *Pharisäer*
▷ *Schriftgelehrter*
▷ *Wunder*

Jesus verkündet Gott als seinen Vater

Die Zeit ist erfüllt, und das Reich Gottes ist nahe.
Bekehrt euch und glaubt an das Evangelium. (Mk 1, 15)

Jesus erstaunte die Menschen, die ihn sahen und hörten. Er redete anders als ihre Schriftgelehrten. Er nahm sich aller an, auch der Verachteten, der Armen, Kranken und Sünder; er half vielen in wunderbarer Weise.
Dennoch verstanden viele seine Botschaft nicht. Sie erwarteten von ihm etwas anderes als das, was Jesus bringen wollte. Sie erwarteten die Befreiung von der Knechtschaft der Römer. Aber Jesus brachte die Befreiung von der falschen Angst vor dem strengen Gott. Sie erwarteten die Aufrichtung eines mächtigen jüdischen Reiches – aber Jesus brachte die Herrschaft Gottes unter den Menschen.

Jesus sprach:

Ich preise dich, Vater, Herr des Himmels und der Erde, weil du das den Weisen und Klugen verborgen, aber den Unmündigen offenbart hast. Ja, Vater, so hat es dir gefallen.
Alles ist mir von meinem Vater anvertraut worden. Niemand kennt den Sohn, nur der Vater, und niemand kennt den Vater, nur der Sohn und der, dem es der Sohn offenbaren will.
Kommt alle zu mir, die ihr euch plagt und unter Lasten stöhnt. Ich werde euch Ruhe verschaffen. Nehmt mein Joch auf euch und lernt von mir; denn ich bin gütig und selbstlos. So werdet ihr in eurem Herzen Ruhe finden. Denn mein Joch drückt nicht, und meine Last ist leicht.

(Mt 11, 25–30)

Joch

Das Joch wird Zugtieren aufgelegt, wenn man sie vor einen Wagen spannt. Wenn Menschen anderen dienen mußten – etwa Kriegsgefangene den Siegern –, so kamen sie „unter ein Joch"; sie waren „unterjocht". Ihr Dienst war oft drückend und schwer, so daß sie unter ihrer Last stöhnten.

▷ *Reich Gottes*

„Abba" ist ein Wort der Muttersprache Jesu, des Aramäischen. Es ist eine liebevolle, vertraute Anrede; zu deutsch etwa: „Lieber Vater". Es war ganz ungewöhnlich, daß Jesus Gott so anredete; denn für die Juden verbot die große Scheu und Ehrfurcht vor Gott eine solch vertraute Redeweise.

Worte Jesu zu seinem Vater:

- *Abba, Vater, alles ist dir möglich. Aber nicht, was ich will, sondern was du willst, soll geschehen.*
- *Vater, vergib ihnen, denn sie wissen nicht, was sie tun.*
- *Vater, in deine Hände lege ich meinen Geist.*
- *Vater, ich danke dir, daß du mich erhört hast.*
- *Vater, verherrliche du mich jetzt bei dir mit der Herrlichkeit, die ich bei dir hatte, bevor die Welt war.*

Über das ganze Leben Jesu könnte man sein Wort schreiben:

Der Vater, der mich gesandt hat,
hat für mich Zeugnis abgelegt.

Der Evangelist Johannes erzählt, daß der auferstandene Jesus Christus zu Maria Magdalena sprach:
Ich gehe zu meinem Vater und zu eurem Vater, zu meinem Gott und zu eurem Gott.

(Mk 14, 36; Lk 23, 34, 46; Joh 11, 41; 17, 5; Joh 5, 37; 20, 17)

Wir haben den Geist empfangen, der uns zu Kindern Gottes macht. Darum wagen wir zu sprechen:

Vater unser

Menschen wie ihnen gehört das Reich Gottes

Viele Leute in Israel –
besonders die Pharisäer – wollten
durch viele Leistungen
„gerecht sein" vor Gott.
Deshalb übersahen sie oft:
Vor allen Leistungen will Gott
unser Vertrauen,
unsere Liebe, unser Herz.
Sein Herz ist offen für uns,
auch wenn wir schwach sind.

Die Evangelisten erzählen:

Da brachte man Kinder zu ihm, damit er sie mit der Hand berühre. Die Jünger aber wiesen die Leute ab. Als Jesus das sah, wurde er unwillig und sagte zu ihnen: Laßt die Kinder zu mir kommen, hindert sie nicht daran! Denn Menschen wie ihnen gehört das Reich Gottes. Amen, ich sage euch: Wer das Reich Gottes nicht annimmt, als wäre er ein Kind, wird nicht hineinkommen. Und er nahm die Kinder in seine Arme; dann legte er ihnen die Hände auf und segnete sie. (Mk 10, 13–16)

Einigen, die davon überzeugt waren, gerecht zu sein und alle anderen verachteten, erzählte Jesus dieses Beispiel:
Zwei Männer gingen zum Tempel hinauf, um zu beten; der eine war ein Pharisäer, der andere ein Zöllner.
Der Pharisäer stellte sich hin und sprach leise dieses Gebet: Gott, ich danke dir, daß ich nicht wie die anderen Menschen bin, die Räuber, Betrüger, Ehebrecher oder auch wie dieser Zöllner dort. Ich faste zweimal in der Woche und gebe dem Tempel den zehnten Teil meines ganzen Einkommens.
Der Zöllner aber blieb hinten stehen und wagte nicht einmal, seine Augen zum Himmel zu erheben, sondern schlug sich an die Brust und betete: Gott, sei mir Sünder gnädig!
Ich sage euch: Dieser, nicht der andere, kehrte als Gerechter nach Hause zurück. Denn wer sich selbst erhöht, wird erniedrigt werden; wer sich aber selbst erniedrigt, wird erhöht werden.

(Lk 18, 9–14)

▷ *Pharisäer*
▷ *Gnade*

Gott steigt herab – die Welt wird neu

Was Jesus den Menschen verkündete, war eine Frohe Botschaft für sie.
Aber nicht nur seine Worte, sondern sein ganzes Leben sind für uns eine Frohe Botschaft:

Gott wird Mensch und teilt mit uns Freude und Leid

Der Herr wird Knecht und dient uns

Der Unschuldige nimmt Strafe auf sich und erlöst uns

Das Lied von Emmaus

A Singt dem Herrn . . .

Ch: Denn der Herr ist mit uns, öffnet Aug und Ohr, hüllt sich in die Zeichen und tritt doch hervor.

A Singt dem Herrn . . .

Ch: Denn der Herr ist mit uns, bricht uns selbst das Brot, übt mit uns das Danken, ob die Nacht auch droht.

A Singt dem Herrn . . .

Ch: Denn der Herr ist mit uns, wendet uns den Blick wieder zur Gemeinde und zum Dienst zurück.

A Singt dem Herrn . . .

Selig sind, die nicht sehen und doch glauben

Auferstehung? Das kann ich mir nicht vorstellen!
Das gibt's doch nicht! So sagen manche Leute,
und das nicht erst in unserer Zeit.
So sagten auch schon Menschen damals, nach der Kreuzigung Jesu.

Der Evangelist Johannes erzählt:

Am Abend des ersten Tages der Woche, als die Jünger aus Furcht vor den Juden hinter verschlossenen Türen versammelt waren, kam Jesus, trat in ihre Mitte und sprach zu ihnen: Friede sei mit euch! Nach diesem Gruß zeigte er ihnen seine Hände und seine Seite. Als die Jünger den Herrn sahen, freuten sie sich. Jesus sprach noch einmal zu ihnen: Friede sei mit euch! Wie mich der Vater gesandt hat, so sende ich euch. Nach diesen Worten hauchte er sie an und sprach zu ihnen: Empfangt den heiligen Geist. Allen, denen ihr die Sünden erlaßt, sind sie erlassen; allen, denen ihr sie nicht erlaßt, sind sie nicht erlassen.

Tomas, einer der Zwölf, der Zwilling genannt wurde, war nicht bei ihnen, als Jesus kam. Die anderen Jünger sagten zu ihm: Wir haben den Herrn gesehen. Er entgegnete ihnen: Wenn ich an seinen Händen nicht die Nagelwunden sehe und wenn ich meine Finger nicht in die Nagelwunden und meine Hand nicht in seine Seite lege, glaube ich nicht. Acht Tage darauf waren seine Jünger wieder in dem Raum, und Tomas war bei ihnen. Da kam Jesus bei verschlossenen Türen, trat in ihre Mitte und sprach: Friede sei mit euch! Darauf sagte er zu Tomas: Leg deinen Finger hierher und sieh meine Hände; nimmt deine Hand und lege sie in meine Seite und sei nicht ungläubig, sondern gläubig! Tomas antwortete ihm: Mein Herr und mein Gott! Jesus sprach zu ihm: Weil du mich gesehen hast, glaubst du. Selig sind, die nicht sehen und doch glauben!

(Joh 20, 19–29)

▷ *Auferstehung*

Von Glaube und Zweifel

Mattäus erzählt die Geschichte vom großen Glauben und angstvollen Zweifel des Petrus:

Jesus forderte die Jünger auf, ins Boot zu steigen und an das andere Ufer vorauszufahren. Inzwischen wollte er das Volk wegschicken. Nachdem er das getan hatte, stieg er auf einen Berg, um in der Einsamkeit zu beten. Als die Nacht hereinbrach, war er immer noch dort. Das Boot aber war schon viele Stadien vom Land entfernt und wurde von den Wellen hin und her geworfen; denn sie hatten Gegenwind. In der vierten Nachtwache kam Jesus zu ihnen; er ging auf dem Wasser. Als ihn die Jünger über den See kommen sahen, erschraken sie, weil sie meinten, es sei ein Gespenst, und sie schrien vor Angst. Doch Jesus sagte zu ihnen: Habt Vertrauen; ich bin es, habt keine Angst!
Darauf sagte Petrus zu ihm: Herr, wenn du es bist, so befiehl, daß ich auf dem Wasser zu dir komme. Jesus rief: Komm! Da stieg Petrus aus dem Boot und ging über das Wasser auf Jesus zu. Als er aber sah, wie heftig der Wind war, bekam er Angst und begann unterzugehen. Er schrie: Herr, rette mich! Jesus streckte sofort die Hand aus, ergriff ihn und sagte zu ihm: Du Kleingläubiger, warum hast du gezweifelt?
Und als sie ins Boot gestiegen waren, legte sich der Wind. Die Jünger im Boot aber fielen vor Jesus nieder und sagten: Wahrhaftig, du bist Gottes Sohn. (Mt 14, 22–32)

Alle Evangelisten erzählen von der dreimaligen Verleugnung des Petrus in einer einzigen Nacht – ehe der Hahn krähte:

Als Jesus gefangen zum Hohenpriester geführt worden war, ging auch Petrus mit in den Hof hinein. Da sagte die Magd, die das Tor bewachte, zu Petrus: Du bist doch auch einer von den Jüngern dieses Menschen? Er antwortete: Nein, ich nicht.
Die Knechte und Diener hatten sich ein Kohlenfeuer angezündet und standen da, um sich zu wärmen, denn es war kalt. Auch Petrus war bei ihnen und wärmte sich. Sie sagten zu ihm: Du bist doch auch einer von seinen Jüngern? Er leugnete und sagte: Nein, ich nicht! Einer von den Knechten des Hohenpriesters sagte: Habe ich dich nicht im Garten bei ihm gesehen? Wieder leugnete Petrus, und sogleich krähte ein Hahn. (Aus Joh 18, 15–27)

▷ *Jünger* ▷ *Petrus*

Weide meine Lämmer!

Der Apostel Johannes erzählt:

Die Jünger waren am See von Tiberias mit Petrus zum Fischen gefahren, aber in dieser Nacht fingen sie nichts.

▷ *Papst*

Als es schon Morgen wurde, stand Jesus am Ufer; aber die Jünger wußten nicht, daß es Jesus war. Jesus sagte zu ihnen: Habt ihr nicht etwas zu essen? Sie antworteten ihm: Nein. Da sagte er zu ihnen: Werft das Netz auf der rechten Seite des Bootes aus, und ihr werdet Fische fangen. Sie warfen das Netz aus, konnten es aber nicht mehr in das Boot ziehen, weil es sehr viele Fische waren.

Der Jünger, den Jesus liebte, sagte zu Petrus: Es ist der Herr. Als Simon Petrus hörte, daß es der Herr sei, legte er sich das Obergewand um und sprang in den See. Die anderen Jünger kamen mit dem Boot nach und zogen das Netz mit den Fischen hinter sich her; denn sie waren nicht weit vom Ufer entfernt, nur etwa zweihundert Ellen. Als sie an Land gegangen waren, sahen sie dort ein Kohlenfeuer brennen und einen Fisch darauf liegen, daneben lag Brot. Jesus sagte zu ihnen: Bringt einige von den Fischen, die ihr eben gefangen habt! Simon Petrus stieg in das Boot und zog das Netz, das mit 153 großen Fischen gefüllt war, ans Land; obwohl es so viele waren, zerriß das Netz nicht. Jesus sagte zu ihnen: Kommt und eßt! Keiner von den Jüngern wagte ihn zu fragen: Wer bist du? Sie wußten, daß es der Herr war. Jesus ging hin, nahm das Brot und gab es ihnen, ebenso die Fische.

Als sie gegessen hatten, sagte Jesus zu Simon Petrus: Simon, Sohn des Johannes, liebst du mich mehr, als diese mich lieben? Er antwortete ihm: Ja, Herr, du weißt, daß ich dich liebe. Jesus sagte zu ihm: Weide meine Lämmer! Zum zweitenmal fragte er ihn: Simon, Sohn des Johannes, liebst du mich? Er antwortete ihm: Ja, Herr, du weißt, daß ich dich liebe. Jesus sagte zu ihm: Weide meine Schafe! Zum drittenmal fragte er ihn: Simon, Sohn des Johannes, liebst du mich? Da wurde Petrus traurig, weil Jesus ihn zum drittenmal gefragt hatte: Liebst du mich? Er antwortete ihm: Herr, du weißt alles; du weißt, daß ich dich liebe. Jesus sprach zu ihm: Weide meine Schafe! Amen, Amen, ich sage dir: Als du jung warst, hast du dich selbst gegürtet und konntest gehen, wohin du wolltest. Wenn du aber alt geworden bist, wirst du deine Hände ausstrecken, und ein anderer wird dich gürten und führen, wohin du nicht willst. Dies sagte Jesus, um anzudeuten, durch welchen Tod er Gott verherrlichen sollte. Nach diesen Worten sagte er zu ihm: Folge mir! (Joh 21, 4–16)

Jesus lebt – mit ihm leben auch wir

Von Anfang an haben die Christen
ihren Glauben zusammengefaßt in kurzen Bekenntnissen,
z. B. „Jesus ist der Christus“ oder „Herr ist Jesus“.
Später stellte man das Apostolische Glaubensbekenntnis
zusammen und andere, längere Bekenntnisse.

Wäre Jesus nicht auferstanden, so hätte keiner seiner Jünger über ihn noch etwas anderes zu sagen gewußt als: Es ist alles aus.
Aber mit der Auferstehung Jesu ist alles anders geworden:

Der Herr lebt
Der Vater hat ihn bestätigt
Sein Wort ist wahr
Wir sind erlöst
Wir haben Anteil an seinem Leben
Wir werden mit ihm auferstehen
Die Welt wird neu.

Als in der Gemeinde von Korinth einige nicht an die Auferstehung der Toten glauben wollten, schrieb ihnen Paulus:

Wenn es keine Auferstehung von den Toten gibt, ist auch Christus nicht auferweckt worden. Ist aber Christus nicht auferweckt worden, dann ist unsere Verkündigung nichts, und nichts ist euer Glaube. Wenn wir nur in diesem Leben auf Christus gehofft haben, ist unser Elend größer als das aller anderen Menschen. Nun steht aber fest, daß Christus von den Toten auferweckt worden ist, der Erste der Entschlafenen.

Denn vor allem habe ich euch überliefert, was auch ich empfangen habe:

Christus starb für unsere Sünden,
wie es die Schriften gesagt haben,
und wurde begraben.

Er ist am dritten Tag auferweckt worden,
wie es die Schriften gesagt haben,
und erschien dem Kephas, dann den Zwölf.

Danach erschien er mehr als 500 Brüdern zugleich; die meisten von ihnen sind noch am Leben, einige sind entschlafen.

Danach erschien er dem Jakobus, dann allen Aposteln.
Als letztem von allen erschien er auch mir.

Aber ob ich es bin oder die anderen: Das ist unsere Botschaft, und das ist euer Glaube geworden. (Nach 1 Kor 15)

▷ *Apostel* ▷ *Auferstehung*

Gepriesen sei Gott,
der Vater unseres Herrn Jesus Christus.
Er hat uns mit allem Segen
seines Geistes gesegnet
durch die Gemeinschaft mit Christus im Himmel.

Ein kurzes Glaubensbekenntnis: ▷ *Credo* ▷ *Dreifaltigkeit*

Ich glaube an Gott,	der Himmel und Erde erschaffen hat, der Jesus, seinen Sohn, von den Toten auferweckt hat, der durch ihn seine Welt vollenden wird.
Ich glaube an Jesus, den menschgewordenen Sohn Gottes,	den Gekreuzigten, den Auferstandenen, den Herrn zur Rechten des Vaters, der wiederkommen wird.
Ich glaube an den Heiligen Geist, den der Vater und der Sohn senden.	Er macht uns zur heiligen Kirche, zu Gottes Volk. Er vergibt uns die Sünden. Er führt uns zu Auferstehung und neuem Leben.
Gott ist mit uns,	der Vater, der Sohn und der Heilige Geist.

Das Apostolische Glaubensbekenntnis (S. 118) bleibt das grundlegende Bekenntnis der Kirche. Es verkündet den Osterglauben und die Osterhoffnung als die große Wahrheit der Christen:

Jesus lebt – mit ihm leben auch wir.

2. Erkennt, daß Gott ist unser Herr, / der uns erschaffen ihm zur Ehr, / und nicht wir selbst; durch Gottes Gnad / ein jeder Mensch sein Leben hat.
3. Wie reich hat uns der Herr bedacht, / der uns zu seinem Volk gemacht. / Als guter Hirt ist er bereit, / zu führen uns auf seine Weid.
4. Die ihr nun wollet bei ihm sein, / kommt, geht zu seinen Toren ein / mit Loben durch der Psalmen Klang, / zu seinem Hause mit Gesang.
5. Dankt unserm Gott, lobsinget ihm, / rühmt seinen Namen mit lauter Stimm; / lobsingt und danket allesamt. / Gott loben, das ist unser Amt.
6. Er ist voll Güt und Freundlichkeit, / voll Lieb und Treu zu jeder Zeit. / Sein Gnad währt immer dort und hier / und seine Wahrheit für und für.

Gotteslob Nr. 474

Die ersten Christengemeinden

Lukas, der Verfasser der Apostelgeschichte, schreibt über die erste Gemeinde in Jerusalem: (Apg 4–5)

Die Gemeinde der Gläubigen war ein Herz und eine Seele. Keiner nannte etwas von seiner Habe sein Eigentum, sondern sie hatten alles gemeinsam. Mit großer Kraft legten die Apostel Zeugnis ab von der Auferstehung des Herrn Jesus, und große Gnade ruhte auf ihnen allen. Es gab auch keinen unter ihnen, der Not litt. Denn alle, die Grundstücke und Häuser besaßen, verkauften ihren Besitz, brachten den Erlös und legten ihn den Aposteln zu Füßen.
Durch die Hände der Apostel geschahen viele Zeichen und Wunder im Volk. Alle kamen einmütig in der Halle Salomos zusammen. Von den übrigen wagte niemand, sich ihnen anzuschließen; aber das Volk schätzte sie hoch. Immer mehr wurden im Glauben zum Herrn geführt, Scharen von Männern und Frauen.

Die ersten Christen nannten sich Brüder und Schwestern.
Lukas berichtet aber auch von Streitigkeiten in der Urgemeinde. Damit arme Witwen gerecht versorgt werden konnten, setzten die Apostel Diakone ein; sie selbst wollten sich vor allem dem Gebet und der Verkündigung des Wortes Gottes widmen.
Lukas erzählt auch von den Verfolgungen, die in Jerusalem über die Gemeinde hereinbrachen und bei denen der heilige Stephanus als erster Martyrer für Christus starb.

Auch in den Gemeinden, die Paulus in Kleinasien und Griechenland gründete, herrschte reges Leben. Man versammelte sich zum gemeinsamen Gebet und zum Mahl, zur Eucharistiefeier in den Häusern und zur Verkündigung des Glaubens an die Außenstehenden. Überall sorgte man für die Armen in der Gemeinde.
Die Briefe des Apostels zeigen aber auch, daß die Christen in ihren Gemeinden nicht immer einig blieben. Es gab manchen Streit und unschöne Vorfälle. Dazu kamen bald Verfolgungen durch die römischen Behörden.

In der Hafenstadt Milet traf sich Paulus auf seiner letzten Reise nach Jerusalem mit den Gemeindevorstehern von Ephesus. Paulus wußte, daß seine Feinde in Jerusalem mächtig waren und ihm dort Gefahr drohte. Er sagte in seiner Abschiedsrede zu den Ältesten von Milet:

Ich weiß nicht, was in Jerusalem mit mir geschehen wird. Aber ich will mit keinem Wort mein Leben wichtig nehmen, wenn ich nur meinen Lauf vollende und den Dienst erfülle, den ich vom Herrn Jesus übernommen habe: das Evangelium von der Gnade Gottes zu bezeugen.
Gebt acht auf euch und auf die ganze Herde, in der euch der Heilige Geist zu Vorstehern bestellt hat, damit ihr die Kirche Gottes weidet, die er sich durch das Blut seines eigenen Sohnes erworben hat. Seid wachsam und denkt daran, daß ich drei Jahre lang Tag und Nacht nicht aufgehört habe, unter Tränen jeden einzelnen zu ermahnen. Und jetzt vertraue ich euch Gott und dem Wort seiner Gnade an, das die Kraft hat, aufzubauen und das Erbe in der Gemeinschaft der Geheiligten zu verleihen. Silber und Gold oder Kleider habe ich von keinem verlangt; ihr wißt selbst, daß für meinen Unterhalt und den meiner Begleiter diese Hände hier gearbeitet haben. In allem habe ich euch gezeigt, daß man sich in dieser Weise abmühen und sich der Schwachen annehmen soll, in Erinnerung an die Worte des Herrn Jesus, der selbst gesagt hat:
Geben ist seliger als Nehmen.

(Apg 20, 17–35)

Drei große Aufgaben der Kirche von Anfang an bis heute:

- **Zeugnis des Glaubens**
- **Gottesdienst**
- **Bruderdienst**

Lukas erzählt:

Stephanus, voll Gnade und Kraft, tat Wunder und große Zeichen unter dem Volk. Da hetzten seine Feinde das Volk, die Ältesten und die Schriftgelehrten auf, drangen auf ihn ein, ergriffen ihn und schleppten ihn vor den Hohen Rat. Und sie brachten falsche Zeugen gegen ihn bei. Seine Verteidigungsrede nahmen sie mit Empörung auf, weil er ihnen vorwarf: Eure Väter haben die Propheten verfolgt, ihr aber habt den Christus verraten und ermordet.
Stephanus aber, voll Heiligen Geistes, blickte zum Himmel empor, sah die Herrlichkeit Gottes und Jesus zur Rechten des Vaters stehen, und rief: Ich sehe den Himmel offen und den Menschensohn zur Rechten Gottes stehen!
Da erhoben sie ein lautes Geschrei, stürmten wie ein Mann auf ihn los, trieben ihn zur Stadt hinaus und steinigten ihn. Die Zeugen legten ihre Kleider zu Füßen eines jungen Mannes nieder, der Saulus hieß. So steinigten sie den Stephanus; er aber betete und rief: Herr Jesus, nimm meinen Geist auf! Dann sank er in die Knie und schrie laut: Herr, rechne ihnen diese Sünde nicht an! Nach diesen Worten starb er. Saulus aber war mit dem Mord einverstanden.

(Aus Apg 6–8)

Saulus wurde später selber ein Christ – der Heidenmissionar Paulus, der eifrigste Missionar der Urkirche.

▷ *Kirche* ▷ *Gnade* ▷ *Martyrer*

Das Evangelium bis an die Grenzen der Erde

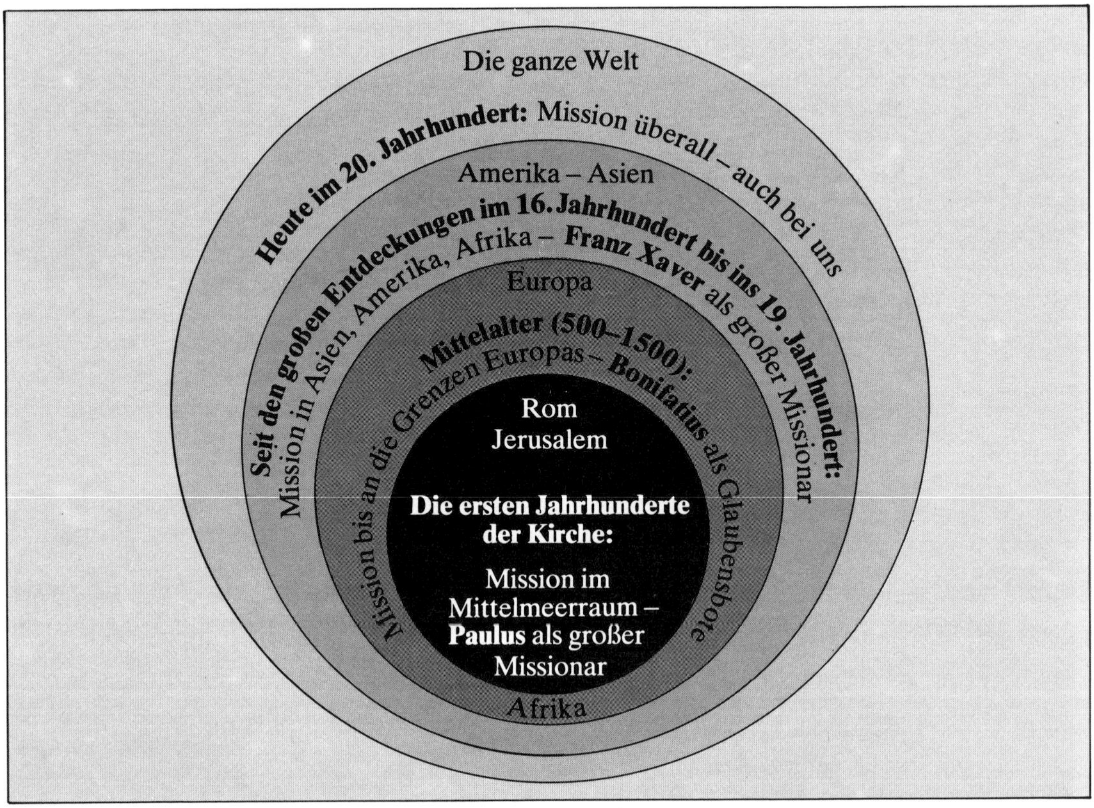

Seit Jesus kam, läuft seine Botschaft immer weiter durch die Welt. Die Christen zählen seit langem die Jahre nach der Geburt Jesu Christi: das war die Wende der Zeit!

Der größte Missionar zu Beginn der Neuzeit war Franz Xaver, ein Gefährte des heiligen Ignatius von Loyola. Er ging im Auftrag des Papstes nach Indien. Das war 1541. In Indien und auf den Inseln im Indischen Ozean taufte er viele Tausende. Als er hörte, daß im Osten ein neues Reich entdeckt worden war, Japan, brach er dorthin auf und gründete in mühseliger Arbeit die ersten Christengemeinden auf den japanischen Inseln.

Seinen großen Wunsch, auch in China den Glauben zu verkünden, konnte er nicht mehr verwirklichen. Er starb am 3. Dezember 1552 auf einer Insel vor Kanton in China. Sein Grab in Goa (Indien) ist ein großer Wallfahrtsort.

▷ *Mission*

Die Botschaft kommt zu uns

Die ersten Christen in Deutschland waren römische Soldaten und Kaufleute. Sie kamen über die Alpen zu uns. Die Römer hatten Germanien – das später Deutschland hieß – erobert und dort große Städte errichtet: Köln, Trier, Augsburg und andere. Dort erinnern heute noch die Gräber von Martyrern, auch Ausgrabungen und Funde an jene erste Zeit.
Als die Römer von den späteren deutschen Stämmen vertrieben worden waren, kamen die Glaubensboten zu ihnen aus Irland, Frankreich und England. Es waren viele, und einer von ihnen war Bonifatius.
Bonifatius kam aus England. Er hieß eigentlich Winfried. In seiner Heimat war er Benediktinermönch. Erst als er vierzig Jahre alt war, ging er aus Liebe zu Gott und zur Rettung der Menschen in unserem Land als Missionar in die Fremde. Das war 716. Er ging zuerst nach Friesland, wo er aber keinen Erfolg hatte. Er gab jedoch nicht auf. Er ging nach Rom, um sich den Auftrag des Papstes zu holen, und erhielt von diesem auch den Namen Bonifatius. Seitdem war er unermüdlich bei den deutschen Stämmen tätig, in Thüringen, in Hessen und am Rhein. Er gründete Klöster, er setzte Bischöfe ein. Viele seiner Landsleute halfen ihm in seiner mühevollen Arbeit. Das Kloster Fulda war sein Lieblingsort, dort wollte er einmal begraben sein.
754 ging er als bald 80jähriger Greis mit vielen Gefährten wieder nach Friesland, um dort zu predigen, zu taufen und zu firmen. Da wurde er am Mittwoch nach dem Pfingstfest von beutegierigen Heiden überfallen. Bonifatius wurde durch einen Schwerthieb getötet. Sein Leichnam wurde von den Gläubigen in ehrfürchtigem Geleit nach Fulda übergeführt. An seinem Grab versammeln sich die deutschen Bischöfe zu ihren alljährlichen Beratungen.

Der Poststempel zeigt das Wappen des Bistums Fulda: ein Schwert durchbohrt die Mitra des Bischofs und Missionars Bonifatius. Dieser ist im Dom zu Fulda begraben. Sein Ehrenname heißt: Apostel der Deutschen.

Ein Wort des heiligen Bonifatius

Laßt uns treue Hirten sein, wachsam über die Herde Christi. Laßt uns den Hohen wie den Niedrigen, den Reichen wie den Armen jeglichen Willen Gottes verkünden, ob gelegen oder ungelegen – soweit uns Gott die Kraft dazu gibt.

▷ *Kirche* ▷ *Bischof* ▷ *Orden*

Christus wohnt auch in Deutschland

In unserem Land gibt es unzählige Kirchen und Kapellen:
Kirche aus Stein.
In unserem Land gibt es viele Millionen von gläubigen Christen,
viele Tausende von Priestern und Ordensleuten:
Volk Gottes in Deutschland, Kirche aus lebendigen Steinen.

Die Kirche in der Bundesrepublik und Berlin ist in 22 Bistümer oder Diözesen gegliedert. 22 Städte sind darum bei uns Bischofssitze:

Aachen	München-Freising
Augsburg	Münster
Bamberg	Osnabrück
Berlin	Paderborn
Eichstätt	Passau
Essen	Regensburg
Freiburg	Rottenburg-Stuttgart
Fulda	Speyer
Hildesheim	Trier
Köln	Würzburg
Limburg	
Mainz	

Es gibt viele alte, berühmte Dome in Deutschland. Große Glaubensboten und Bischöfe, auch Kaiser und Könige sind in ihnen begraben – im Dom zu Aachen, zu Speyer, zu Bamberg, zu Fulda.

Andere alte und schöne Kirchen sind Wallfahrtsziele. Die Altöttinger heilige Kapelle steht seit bald 1200 Jahren. Die Wallfahrt zur Mutter Gottes dorthin zieht seit 500 Jahren Menschen an. Die Wieskirche bei Steingaden ist seit über 250 Jahren Wallfahrtsstätte zum gegeißelten Heiland.

▷ *Bistum* ▷ *Wallfahrt*

Christus – mitten unter den Menschen

Gemeinschaft erleben

Die Kindergruppe der Pfarrei St. Paulus hat im Reuland-Tal ein Sommerlager. Die Jungen und Mädchen wohnen mit ihren Führern in 6 kleinen Gruppen in einem leerstehenden Schulhaus. Ob es regnet, ob die Sonne scheint, ob der Wind weht: Jeden Tag sind sie auf den Beinen, jeden Tag erleben sie, wie schön es ist, in einer Gemeinschaft zusammenzusein. So sieht ein Tag im Lager aus:

7 Uhr Wecken

Manchmal brauchen die Kinder gar nicht geweckt zu werden, weil sie noch früher munter sind als die Vögel. Aber manchmal sind sie noch zu müde vom späten Zubettgehen, daß der Lagerleiter sie an den Füßen rütteln oder mit ganz lauter Radiomusik wecken muß.

7.30 Uhr Frühstück

Inzwischen haben die großen Mädchen bereits Kaffee gekocht und Frühstücksbrote mit Butter und Marmelade geschmiert. Meistens wird zum Frühstück ein Lied gesungen: „So fröhlich wie der Morgenwind“, oder: „Erwacht, ihr Schläfer drinnen . . .“

8 Uhr Messe

Alle zwei Tage kommt Kaplan Jost von St. Paulus und feiert mit den Kindern die heilige Messe. Manchmal ist die Eucharistiefeier in der alten Dorfkirche, manchmal in der Schule, manchmal im Freien. Einmal haben sie eine Nachtwanderung gemacht und mittendrin feierten sie eine Mitternachtsmesse.

9 Uhr Wanderung

Die Kinder, die alle in der Großstadt wohnen, sehen auf ihren Morgenwanderungen vieles, was sie sonst nicht sehen: Pferde, Kühe, Ziegen, Schafe, Schmetterlinge, eine Quelle, einen klaren Bach, aus dem man trinken und in dem man wunderbar herumplanschen kann. Einmal haben sie Forellen gesehen. Manchmal wird eine Klettertour gemacht; einmal gab es „die gelbe Wanderung“: Es regnete wie aus Kübeln, und alle marschierten in ihren gelben Regenmänteln mit Kapuzen mit.

12 Uhr Mittagessen

Vor dem Mittagessen wird manchmal ein Gebet gesprochen, manchmal ein Lied gesungen: „Herr, wir kommen zu dem Essen; laß uns nimmer mehr vergessen, daß wir alle diese Gaben deiner Lieb zu danken haben, Amen!“ Wenn die Sonne scheint, wird natürlich auf dem Schulhof gegessen; sonst in einem Klassenzimmer. Meistens gibt es Eintopf, Suppe, oder Kartoffelsalat mit Würstchen. Der absolute Clou war ein Festessen am Maria-Himmelfahrts-Tag; da gab es: Radieschen zur Vorspeise, Kartoffelpüree mit Specksoße, ein Stück Schweinebauch, Weißkohl. Zum Nachtisch gab es Pudding mit selbstgemachtem Himbeersaft.

13 Uhr Mittagsruhe

Nach dem Mittagessen ist absolute Ruhe. Jeder kann machen, was er will: sich hinlegen, auf dem Mäuerchen in der Sonne sitzen, lesen, Briefe schreiben, schlafen oder wachsein; nur eins darf er nicht machen: Lärm.

15 Uhr Spielnachmittag

Die Lagerführer haben Blätter, Notizblöcke, Hefte und Bücher, in denen eine Unmenge von interessanten Spielen stehen. Insgesamt über 1000 Stück! Wenn man die alle spielen wollte, müßte man fünf Jahre lang Sommerlager mitmachen. Die Auswahl ist groß, für jedes Wetter, für jede Gruppe, für jede Stimmung, für jede Laune. Manchmal sind es Kraftspiele, manchmal Geschicklichkeitsspiele, manchmal Ratespiele, manchmal ernste Spiele, manchmal heitere Spiele. Der Nachmittag geht immer viel zu schnell herum.

19 Uhr Abendessen

Zum Abendessen wird nichts Warmes gekocht. Es gibt dicke Schnitten Brot, damit man auch gut satt wird, meistens mit Käse oder Wurst. Nach dem Abendessen werden Filme oder Dias gezeigt, oder es wird weiter gespielt. Manchmal ist auch eine Gesprächsrunde angesetzt, und da geht es über Eltern, Schule, Kirche, Freundschaft, Angst, Streiten und Versöhnen.

Nachts

Nachts wird natürlich „eigentlich“ geschlafen. Aber manchmal wird nachts auch viel Unfug gemacht. Einmal haben sie dem Lagerleiter und der Lagerleiterin mit Schulbänken, Tafeln, Papierkörben, Eimern und Besen die Türen zugebaut, so daß sie morgens fast nicht herausgekommen wären.

Die Eucharistiefeier

„Tut dies, so oft ihr es tut, zu meinem Gedächtnis!"
Diesen Auftrag hat Jesus Christus der Kirche gegeben.
Die Kirche erfüllt diesen Auftrag in der Eucharistiefeier.

Eucharistiefeier heißt:
Dank-Feier

Es ist die Dankfeier dafür, daß Gott mit uns Menschen ist. Jesus Christus, seinen Sohn, hat er „für uns Menschen und um unseres Heiles willen" vom Himmel auf die Erde gesandt. In der heiligen Messe danken wir Gott dafür, daß uns Jesus Christus durch seinen Tod am Kreuz erlöst hat. Er hat sein Blut vergossen zur Vergebung der Sünden. In Jesus Christus ist uns Gott ganz nahe. Er ist uns nahe – leibhaftig; Jesus Christus spricht: Nehmet und esset, das ist mein Leib.

Durch Jesus Christus, unseren Herrn, schließt Gott mit den Menschen einen Bund. Jesus nennt diesen Bund: „Der neue Bund in meinem Blute"; das können wir so verstehen: Durch nichts, nicht einmal durch Gewalt, Leiden und Tod, läßt sich Gott von seinem Vorhaben abbringen, mit den Menschen den Bund der Freundschaft und der Liebe zu schließen.

In der Eucharistiefeier dankt nicht nur der einzelne Gott für diese seine Freundschaft und Liebe; es kommt vielmehr das ganze Volk Gottes zusammen vor Gottes Angesicht, lobend und preisend, bittend und dankend. Gott ist immer mit uns, wir vergessen es nur so oft. In der Eucharistiefeier werden wir daran erinnert. Sein Wort wird verkündet; sein Opfermahl wird gehalten; Tod und Auferstehung seines Sohnes werden festlich begangen. Denn Christus hat der Kirche sein heiliges Opfer hinterlassen. Die Kirche bringt es zusammen mit ihm Gott dem Vater dar.

Versammlung
Begrüßung

Die Glocken läuten: Gott lädt ein. Aus den Häusern kommen die Leute und gehen zur Kirche. Alle versuchen, pünktlich zu sein, denn wer zu spät kommt, stört die andern.
Der Priester zieht mit den Ministranten ein. Er kniet vor dem Tabernakel, er küßt den Altar, er wendet sich den Leuten zu und begrüßt sie. Er spricht: „Die Gnade unseres Herrn Jesus Christus, die Liebe Gottes, des Vaters, und die Gemeinschaft des Heiligen Geistes sei mit euch." Alle antworten: „Und mit deinem Geiste". Vor oder nach der Begrüßung wird meist ein Eröffnungs- oder Eingangslied gesungen.

Bekenntnis
Bußakt

Ehe die Gemeinde miteinander Eucharistie feiert, überlegen die Leute, ob sie auch wirklich bereit sind, die Feier der Liebe und des Friedens zu begehen. Sie bekennen, daß sie manches Gute, das sie hätten tun sollen, unterlassen haben; daß sie manches Böse, das sie nicht hätten tun sollen, getan haben. Sie bitten einander um Verzeihung, sie bitten Gott um Vergebung der Schuld. Der Priester spricht: „Der allmächtige Gott erbarme sich unser. Er lasse uns die Sünden nach und führe uns zum ewigen Leben." Alle antworten: „Amen".
Dann beten Priester und Gemeinde im Wechsel:

Herr, erbarme dich.
Herr, erbarme dich.
Christus, erbarme dich.
Christus, erbarme dich.
Herr, erbarme dich.
Herr, erbarme dich.

Lobgebet

An den Sonn- und Festtagen (außer in der Fasten- und Adventszeit) singt oder betet die Gemeinde das Lobgebet (Gloria):

Ehre sei Gott in der Höhe
und Friede auf Erden
den Menschen seiner Gnade.
Wir loben dich,
wir preisen dich,
wir beten dich an,
wir rühmen dich und danken
dir, denn groß ist deine Herrlichkeit: Herr und Gott, König
des Himmels, Gott und Vater,
Herrscher über das All,
Herr, eingeborener Sohn,
Jesus Christus.
Herr und Gott, Lamm Gottes,
Sohn des Vaters,
du nimmst hinweg die Sünde
der Welt: erbarme dich unser;
du nimmst hinweg die Sünde
der Welt:
nimm an unser Gebet;
du sitzest zur Rechten des
Vaters: erbarme dich unser.
Denn du allein bist der Heilige,
du allein der Herr,
du allein der Höchste:
Jesus Christus, mit dem
Heiligen Geist, zur Ehre Gottes
des Vaters. Amen.

Lesung Evangelium Predigt

Der Priester oder der Lektor lesen aus der Heiligen Schrift vor: Zuerst eine „Lesung" (ein Stück aus dem Alten Testament, der Apostelgeschichte, aus einem Apostelbrief oder aus der Offenbarung des Johannes), dann das „Evangelium", ein Stück aus der Frohen Botschaft nach Mattäus, Markus, Lukas oder Johannes. So erfährt die Gemeinde jeden Sonntag, was Gott den Menschen zu sagen hat, durch den Mund der Apostel und Propheten, besonders aber durch seinen Sohn Jesus Christus. – Der Priester erklärt das Wort Gottes in der Predigt. Manchmal wird statt der Predigt ein „Hirtenschreiben" des Bischofs vorgelesen.

Glaubensbekenntnis

Die Gemeinde bekennt im „Credo", daß sie Gott vertraut und daß sie glaubt, was Gott den Menschen durch Jesus Christus mitgeteilt hat:

Ich glaube an Gott den Vater,
den Allmächtigen,
den Schöpfer des Himmels
und der Erde.
Und an Jesus Christus,
seinen eingeborenen Sohn,
unsern Herrn,
empfangen durch den Heiligen
Geist, geboren von der
Jungfrau Maria, gelitten
unter Pontius Pilatus,
gekreuzigt, gestorben
und begraben,
hinabgestiegen in das Reich
des Todes, am dritten Tage
auferstanden von den Toten,
aufgefahren in den Himmel;
er sitzet zur Rechten Gottes,
des allmächtigen Vaters;
von dort wird er kommen,
zu richten die Lebenden und
die Toten. Ich glaube
an den Heiligen Geist,
die heilige katholische Kirche,
Gemeinschaft der Heiligen,
Vergebung der Sünden,
Auferstehung der Toten
und das ewige Leben.
Amen.

Fürbitten

Der erste Teil der Feier heißt Wort-Gottesdienst: Gott hat sein Wort an die Menschen gerichtet, die Menschen haben ihr Wort an Gott gerichtet. Der Wortgottesdienst schließt ab mit den Fürbitten in den Anliegen der Kirche, für die Armen, die Unterdrückten, die Einsamen, die Hungernden, die von Krieg oder anderem Leid Geschlagenen, für die Kinder, für die Kranken, für die Ungläubigen, für die Gläubigen, für die Lebenden, für die Toten, für alle Menschen in der Welt.

Bereitung der Gaben

Auf dem Altar werden die Gaben Brot und Wein für das Opfer und das Mahl bereitet. Brot und Wein sind Zeichen dafür, daß der Mensch sich selber Gott hingibt. Der Priester spricht:

Gepriesen bist du, Herr, unser Gott, Schöpfer der Welt. Du schenkst uns das Brot, die Frucht der Erde und der menschlichen Arbeit. Wir bringen dieses Brot vor dein Angesicht, damit es uns das Brot des Lebens werde.

Gepriesen bist du, Herr, unser Gott, Schöpfer der Welt. Du schenkst uns den Wein, die Frucht des Weinstocks und der menschlichen Arbeit. Wir bringen diesen Kelch vor dein Angesicht, damit er uns der Kelch des Heiles werde.

Präfation
Sanctus

Mit dem feierlichen „Danklied“, der Präfation, beginnt das „Hochgebet“. Der Priester ruft der Gemeinde zu: „Erhebet die Herzen!“ Die Leute antworten: „Wir haben sie beim Herrn.“ Der Priester fährt fort: „Lasset uns danken dem Herrn, unserem Gott!“ Die Leute: „Das ist würdig und recht.“ Dann wird die Präfation zum Lobe Gottes feierlich gesprochen oder gesungen. Sie endet mit dem Sanctus:

Heilig, heilig, heilig Gott, Herr aller Mächte und Gewalten. Erfüllt sind Himmel und Erde von deiner Herrlichkeit. Hosanna in der Höhe. Hochgelobt sei, der da kommt im Namen des Herrn. Hosanna in der Höhe.

Wandlung

Mitten im Hochgebet spricht der Priester den Einsetzungsbericht, den uns die Evangelisten vom letzten Abendmahl aufgeschrieben haben, mit den Wandlungsworten:

Nehmet und esset alle davon, das ist mein Leib, der für euch hingegeben wird.
Nehmet und trinket alle daraus, das ist der Kelch des neuen und ewigen Bundes, mein Blut, das für euch und für alle vergossen wird zur Vergebung der Sünden. Tut dies zu meinem Gedächtnis.

Durch diese Worte Worte Jesu werden Brot und Wein in den Leib und das Blut Christi verwandelt.

Mit den Worten: „Nehmet hin und esset, nehmet hin und trinket“ zeigt der Priester an, daß die Gemeinde zum heiligen Mahle eingeladen ist. Mit den Worten: „Der Leib, der für uns hingegeben, das Blut, das für uns vergossen wird“ zeigt er an, daß Jesus für die Menschen sein Leben hingab. Die Eucharistiefeier ist also Opfer und Mahl: ein Opfermahl. Dies ist ein „Geheimnis des Glaubens“. Die Gemeinde spricht:

Deinen Tod, o Herr, verkünden wir, und deine Auferstehung preisen wir, bis du kommst in Herrlichkeit.

Lobpreis
Vater unser

Zum Hochgebet gehören Fürbitten für die Kirche auf der ganzen Welt, für die Lebenden und die Toten. Die Gemeinde gedenkt auch der Gottesmutter Maria, der Apostel und aller Heiligen. Sie preist Christus als Mittler zwischen Gott und den Menschen:

Durch ihn und mit ihm und in ihm wird dir Gott, allmächtiger Vater, in der Einheit des Heiligen Geistes alle Herrlichkeit und Ehre jetzt und in Ewigkeit, Amen.

Danach spricht die Gemeinde das Vaterunser, das Gebet des Herrn.

Brotbrechen
Lamm Gottes
Friedenswort

Noch einmal, wie schon zu Beginn der Eucharistiefeier, fordert der Priester alle zu Liebe, Vergebung und Friede auf. Im Friedensgebet bitten die Leute Gott, er möge alle Schuld, die die Menschen selbst nicht tilgen können, von ihnen wegnehmen und allen den Frieden schenken:

Lamm Gottes, du nimmst hinweg die Sünde der Welt, erbarme dich unser.
Lamm Gottes, du nimmst hinweg die Sünde der Welt, erbarme dich unser.
Lamm Gottes, du nimmst hinweg die Sünde der Welt, gib uns deinen Frieden.

Der Priester bricht die Hostie, das heilige Brot, zum Zeichen, daß Jesus Christus sein Leben für alle gegeben hat, zum Zeichen dafür, daß er sich jetzt allen Menschen schenken will.

(Hostie heißt: Opfer, Opferspeise; sie wird aus ungesäuertem Weizenbrotteig gebacken.)

Kommunion

Dann spricht der Priester: „Seht das Lamm Gottes, das hinwegnimmt die Sünde der Welt!" Die Leute antworten:

Herr, ich bin nicht würdig, daß du eingehst unter mein Dach, aber sprich nur ein Wort, so wird meine Seele gesund.

Sie gehen nach vorn, in die Nähe des Altares, sie grüßen Jesus und bekennen sich zu ihm: „Der Leib Christi, Amen!" Dann halten sie Mahl mit Jesus, wie die Jünger mit Jesus Mahl gehalten haben. Man sagt: Sie empfangen die heilige Kommunion. – Kommunion heißt: Gemeinschaft haben. Gemeinschaft mit Gott, Gemeinschaft miteinander.

Segen
Entlassung

Nach einem Kommunionlied danken alle still Gott, daß er im Zeichen des heiligen Mahles bei uns ist. Dann stehen alle auf, der Priester segnet sie, und sie gehen in ihre Familien, in ihre Häuser, in die Schule, an den Arbeitsplatz zurück:

Gehet hin in Frieden.
Dank sei Gott,
dem Herrn.

Eucharistie auf der ganzen Welt

Vom Trierer Dom läuten die Glocken zur Sonntagsmesse: 8 Uhr. Die Leute singen und beten, sie hören Gottes Wort, feiern das Opfer Christi und sind zum heiligen Mahl geladen. Danach gehen sie nach Hause und wenn sie gerade ihr Sonntagsfrühstück beendet haben, so gegen 10 Uhr, dann ...

... läuten die Glocken in Grönland zur Sonntagsmesse. Das sind zwar keine Dom-Glokken, aber die Messe im Iglu wie in der kleinen Dorfkirche, im Zelt, im Freien oder im Wirtshaussaal ist die gleiche Eucharistiefeier, in der das Volk Gottes sich versammelt zu Bitte, Lob und Dank. – Zwei Stunden später ist es ...

... in Bolivien 8 Uhr, die Sonntagsmesse beginnt. Und danach in New York, und dann hoch oben im Norden von Alaska. – Rund um die Uhr: Lob und Dank dem Vater mit dem Sohn im Heiligen Geiste.

Lieder zur Messe der Kinder mit der Gemeinde

Text: Andreas Baur, Melodie: Christian Ridil. Copyright by Verlag Ludwig Auer

1. Zur Eröffnung

Freude und Friede, Leben und Licht
hast du, Herr Jesus, uns verkündet.
Von deinem Worte lassen wir nicht,
du hast uns dir ja verbündet.
– Erbarme dich, Herr, hab Erbarmen.

Freude und Trauer, Dunkel und Licht –
Herr, du weißt alles, was in uns ist.
Und du verstehst uns, meidest uns nicht,
weil du der Heiland der Welt bist.
– Erbarme dich, Herr, hab Erbarmen.

2. Zum Wortgottesdienst

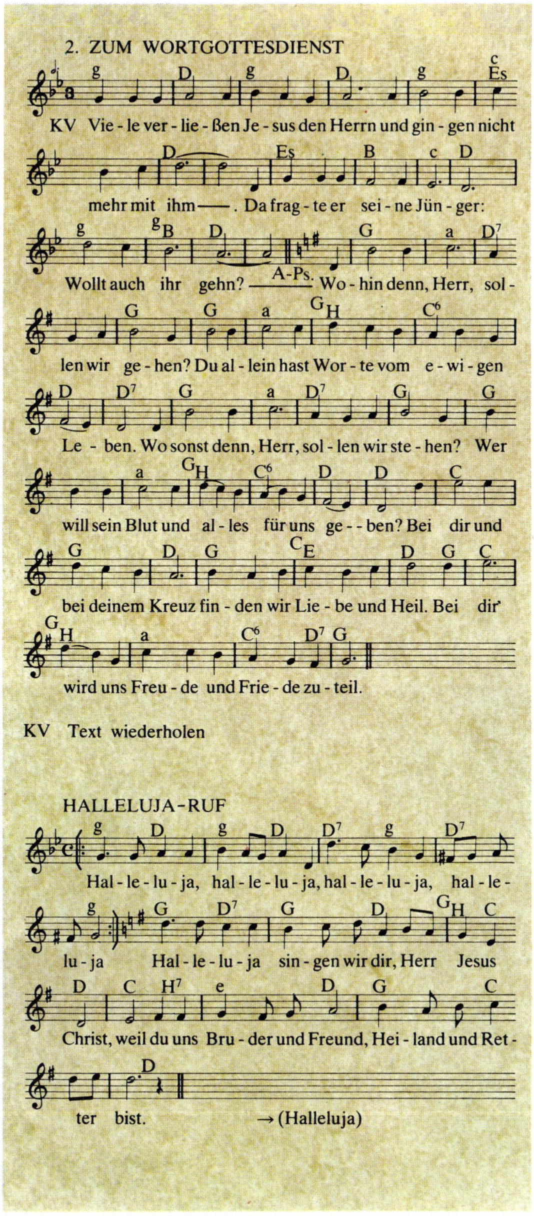

Kehrvers:

Viele verließen Jesus den Herrn und gingen nicht mehr mit ihm. Da fragte er seine Jünger: Wollt auch ihr gehn?

Antwortpsalm:

Wohin denn, Herr, sollen wir gehen?
Du allein hast Worte vom ewigen Leben.
Wo sonst denn, Herr, sollten wir stehen?
Wer will sein Blut und alles für uns geben?
Bei dir und bei deinem Kreuz finden wir Liebe und Heil.
Bei dir wird uns Freude und Friede zuteil.

Hallelujaruf:

Halleluja, halleluja.
Halleluja singen wir dir, Herr Jesus Christ,
weil du uns Bruder und Freund, Heiland und Retter bist.
Halleluja, halleluja.

3. Zur Gabenbereitung

Und doch willst du unsre Gaben,
wartest auf uns voll Geduld,
nimmst sie an aus unsern Händen
und vergibst uns unsre Schuld.

Was wir opfern, was wir bringen,
legst du selbst in unsre Hand,
machst aus unscheinbaren Dingen
deiner Güte Unterpfand.

Brot und Wein: ein kleines Zeichen
wird geheimnisvoll dein Sohn.
Und zum Mahl willst du ihn reichen
uns als deiner Liebe Lohn.

4. Zum Hochgebet

5. Zur Kommunion

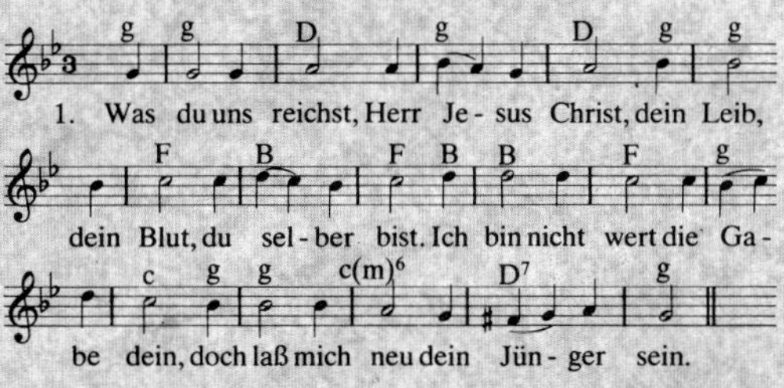

Was einst geschah, bedenk ich sehr:
dein Leiden und dein Kreuz so schwer.
Du starbst für uns zu unserm Heil,
gibst uns an deinem Siege teil.

Dein Opfer groß für uns getan –
neu fängt das Leben damit an.
Du gibst dich selbst zu unserm Mahl.
Du lädst uns ein zum Hochzeitssaal.

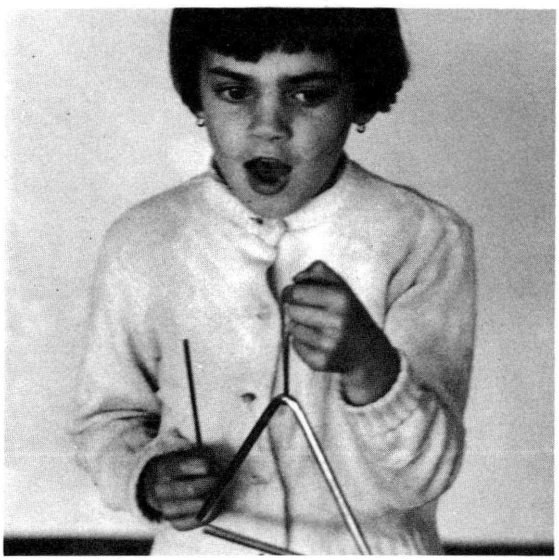

6. Zur Entlassung

Maria, wir grüßen dich frohgemut,
du Jungfrau, an der Gott Wunder tut.
Denn du hörtest die Botschaft,
sprachst dein Ja,
du warst all dein Leben für ihn da.
Halleluja, halleluja.

Maria, wir grüßen dich frohgemut,
gekrönt von dem Herrn, der Wunder tut.
Denn du hast ja den Sieg, die Krone schon,
die hat dir verliehn dein treuer Sohn.
Halleluja, halleluja.

Maria, wir grüßen dich frohgemut,
du Mutter des Herrn, der Wunder tut.
Denn du bist unsre Mutter, sieh uns an,
hilf kämpfen und siegen, brich die Bahn!
Halleluja, halleluja.

Gott sagt: Ich bin da

Jahwe. Das ist mein Name für immer, und so wird man mich nennen in allen Generationen

Großer Gott, wir loben dich! Herr, wir preisen deine Stärke.
Vor dir neigt die Erde sich und bewundert deine Werke.
Wie du warst vor aller Zeit, so bleibst du in Ewigkeit.

Es gibt kein einzelnes „Gott-Fest“ in der Kirche. Vielmehr wird der gute, große, liebe Gott in vielen Festen das ganze Jahr über gefeiert. Im **Advent** feiern die Gläubigen den Gott, auf den wir warten. Der Gottesname Jahwe bedeutet „Ich-bin-da“. Er ist da, und doch rufen die Menschen immer wieder: „Komm! Komm, wir warten auf dich!“ Damit wollen sie ihre Sehnsucht und ihr Verlangen nach Gott, ihre Hoffnung auf Gott ausdrücken.

An **Weihnachten** feiert die ganze Welt das Kommen Gottes. Gott ist nicht im fernen, unzugänglichen Himmel geblieben, wo ihm die Engel „Heilig, heilig, heilig“ zurufen. Er ist für uns Menschen und um unseres Heiles willen vom Himmel herabgestiegen. Er ist Mensch geworden. Sein Name heißt auch: **Immanuel = Gott-mit-uns.**

Du, des Vaters ewger Sohn,
hast die Menschheit angenommen,
bist vom hohen Himmelsthron
zu uns auf die Welt gekommen,
hast uns Gottes Gnad gebracht,
von der Sünd uns frei gemacht.

▷ *Kirchenjahr*

Das höchste Fest der Christen ist **Ostern.** Der Herr Jesus (sein Name bedeutet: Jahwe-ist-da, Jahwe-ist-Hilfe), sagt zu seinen Freunden: Ich-bin-bei-euch bis ans Ende, auch wenn ich im Tod von euch gehe. Er nimmt den Tod auf sich, weil er die Menschen liebt und sich durch nichts von seiner Liebe abbringen lassen will. Der Vater verherrlicht ihn: Er erweckt ihn vom Tode zum Leben. Wer an Jesus glaubt, wird leben wie Jesus, auch wenn er gestorben ist.

Herr, steh deinen Dienern bei,
welche dich in Demut bitten.
Kauftest
durch dein Blut uns frei,
hast den Tod für uns gelitten.
Nimm uns
nach vollbrachtem Lauf
zu dir in den Himmel auf.

▷ *Ostern*

Jesus Christus ist zurückgekehrt zum Vater in den Himmel. Die Christen bekennen: Er ist „aufgefahren in den Himmel; er sitzt zur Rechten Gottes, des allmächtigen Vaters; von dort wird er kommen, zu richten die Lebenden und die Toten“. Daß Christus zur Rechten Gottes erhöht ist, feiert die Kirche am Fest **Christi Himmelfahrt.** Wenn auch Jesus nicht mehr sichtbar unter den Menschen ist, so ist doch Gott nicht von uns weg in die Ferne gerückt; Jesus Christus hat Gottes Heiligen Geist in die Welt gesandt. Durch ihn wirkt Christus in seiner Kirche, bis er wiederkommt.

An **Pfingsten** feiert die Kirche, daß Gottes Geist in der Welt ist. Alle Menschen, die erfüllt sind vom Heiligen Geist, helfen mit, das Angesicht der Erde zu erneuern. Der große Gott, der Allmächtige, der Schöpfer des Himmels und der Erde, soll überall erkannt werden in den Menschen, die einander lieben. – In den Menschen, die Gott lieben, darf Gott auch heute noch sagen: Ich-bin-da.

Heilig,
Herr Gott Zebaot!
Heilig,
Herr der Himmelsheere!
Starker Helfer in der Not!
Himmel,
Erde, Luft und Meere
sind erfüllt
von deinem Ruhm,
alles
ist dein Eigentum.

▷ *Dreifaltigkeit*

Auch an den Festen der **Heiligen** verehrt die Kirche den, von dem sie sagt: „Du allein bist der Heilige". Ein kleiner Abglanz vom großen, heiligen, starken Gott leuchtet in die Welt hinein durch die Heiligen. Wer sehen will, wie Gott ist, muß die Heiligen anschauen. Ihre Liebe, ihr Dienen, ihre Opferbereitschaft, ihr Einsatz, ihr Glaube weisen hin auf Gott. An der Spitze der Heiligen verehrt die katholische Kirche Maria. Sie wird auch genannt: Königin der Engel, Königin der Apostel, Königin der Heiligen, „unsere Königin". Unzählige Menschen wenden sich mit ihren Bitten und Anliegen, in Not und Leid, in Freude und voll Dankbarkeit an Maria. Sie vertrauen auf ihre Fürsprache bei Gott. Mit ihr rufen sie·

Herr, erbarm, erbarme dich.
Laß uns deine Güte schauen;
deine Treue zeige sich,
die wir fest auf dich vertrauen.
Auf dich hoffen wir allein:
laß uns nicht verloren sein!

▷ *Heilige*
▷ *Maria*

Von heiligen Menschen erzählen

Pater *Rupert Mayer* (1945) war Seelsorger für die Soldaten im Krieg und später in München ein Apostel für alle Menschen. In der Bürgersaalkirche in München beten täglich viele Menschen an seinem Grab. Sie denken: Pater Rupert Mayer war ein Heiliger. Sie hoffen: bald wird der Papst ihn heiligsprechen.

Der heilige *Vinzenz* lebte vor 300 Jahren in Frankreich. Er sorgte für die Armen und Kranken, er lehrte die Priester und Ordensleute immer mehr auf Gott zu vertrauen. Bis heute ist sein Beispiel der Gottes- und Nächstenliebe lebendig. Auf ihn gehen die Schwestern an vielen Krankenhäusern zurück.

Heilige sind Menschen wie wir. Unter ihnen sind Männer und Frauen, reiche und arme, gelehrte und einfache Leute, junge und alte. Sie sind alle sehr verschieden. Nur in einem sind sie gleich: Sie haben sich ganz Gott zugewendet und sind Christus getreu nachgefolgt.

Immer haben die Christen liebevoll von solchen heiligen Menschen erzählt, ihr Leben beschrieben, ihre Gedenktage gefeiert. Sie wollten damit Gott danken, der ihnen solch gute Menschen geschenkt hatte. Sie wollen damit auch lernen, wie man Christus nachfolgen kann. In den Heiligen sahen sie ihre Brüder und Schwestern, die bei Gott für sie Fürsprache einlegen werden.

Wer vom Leben guter und heiliger Menschen erzählen hört, kann sich denken: Diese haben es gekonnt; sie wurden Menschen, wie Gott sie liebt. Warum sollte ich es nicht auch können?

Von manchen Heiligen aus alter Zeit haben wir keine genauen Nachrichten mehr. Wir können ihr Leben nicht mehr in seinem wirklichen Ablauf erzählen, wie wir es gern möchten. Von ihnen berichten nur Legenden (wie vom heiligen Christophorus, S. 30).

Legenden stellen die Heiligen dar wie ein Maler, der den Heiligen nicht selber gesehen hat und ihn dennoch malt. Ein solches Bild ist keine Photographie, sondern ein Sinnbild. Alle Einzelheiten des Bildes wollen zeigen: dieser Mensch war ein Freund Gottes. Gott war mit ihm.

So ist es auch bei der Legende von der heiligen Dorothea. Da wird von einem Engel, von Äpfeln aus dem Paradies, von Blüten im kalten Februar erzählt, und all das will nur sagen: Dorothea war von Gott geliebt; sie blieb auch in der Verfolgung Gott von Herzen treu.

Die heilige Dorothea

Die Jungfrau Dorothea ist angeklagt, weil sie an Jesus Christus glaubt. Der heidnische Richter Sapriz von Cäsarea schickt alle Leute aus dem Gerichtssaal hinaus. Er ist mit Dorothea allein. „Ich meine es gut mit dir, Dorothea“, so beginnt er; „nimm die Weihrauchkörner und streu sie vor dem Götterbild ins Opferfeuer. Dann will ich dich sofort freilassen!“ Dorothea aber entgegnet: „Wer einmal dem Herrn Jesus Christus sein Leben geweiht hat, der bleibt ihm treu bis zum Tode!“ Sapriz wird ärgerlich: „Ich werde dich ins Gefängnis sperren, wenn du nicht opfern willst!“ Und Dorothea spricht den schönen Satz: „Beeile dich, Richter, denn so werde ich bald im Paradies mit allen Engeln Gott lobsingen können!“ Dies alles hörte Theophilus, der Gefangenenwärter.

Nun warf man Dorothea ins Gefängnis, wo sie geschlagen und mit Fackeln gebrannt wurde. Theophilus trat hinzu, verhöhnte sie und sprach: „Bald bist du ja bei den Engeln; willst du mir dann nicht einen schönen Gruß vom Baum des Paradieses schicken?“ Und damit zog er sein Schwert und schlug ihr das Haupt ab.
Abends saß Theophilus mit seinen Freunden am Feuer und erzählte, wie er die standhafte Jungfrau Dorothea verspottet hätte. „Denkt euch“, so rief er aus, „sie will mir ein Andenken aus dem Paradiese schicken!“ Kaum hatte er das gesagt, da trat ein Engel herzu, breitete ein Tuch aus und reichte Theophilus drei Äpfel und drei Blüten vom Baum des Lebens, mitten in der Winterkälte des Februar. Da stockte ihm fast das Herz. Er fiel auf die Knie und sagte: „Ich schwöre: Der Gott, an den Dorothea glaubt, ist der einzig wahre Gott!“
Im selben Gefängnis, wo er schon viele Christen getötet hatte, wurde Theophilus von Sapriz zum Tode verurteilt, weil er nun selbst Christ geworden war durch das Wunder der heiligen Jungfrau Dorothea.

Dorothea erlitt den Martyrertod
in Kleinasien.
Sie ist die Patronin der Gärtner
und Blumenhändler.

▷ *Engel*

Ihr werdet meine Zeugen sein – bis an die Grenzen der Erde

Die heiligen Märtyrer von Uganda

Vor fast 100 Jahren saß in Uganda in Afrika ein König auf dem Thron, der rauschgiftsüchtig, zügellos und grausam war. Seine Laune war unberechenbar. Den Christen im Lande schwor er heute Freiheit und Frieden, doch schon morgen konnte seine Gutmütigkeit in Haß und Wut umgeschlagen sein.
Sein oberster Hofbeamter, Josef M'Kasa, sein Leibwächter Karl Luanga und die 16 jungen Pagen des Königs bekamen seinen Christenhaß furchtbar zu spüren. Josef M'Kasa wurde als „abschreckendes Beispiel" ohne Prozeß, bloß auf die Aussagen eines Verräters hin,als erster zum Tode verurteilt. Danach verbot der König seinen Pagen, die im Alter von 10 und 16 Jahren waren, in die Missionsschule zu gehen. Sie ließen sich dennoch heimlich weiter unterrichten und empfingen die Taufe. Als das dem König hinterbracht wurde, ließ er die Pagen samt seinem Leibwächter Karl Luanga in Fesseln legen und über einen zehntägigen qualvollen Fußmarsch an eine finstere Stelle im Urwald schleppen. Dort wurden sie in trockenes Bananenlaub gerollt und lebendig verbrannt. Sprachlos schauten die Henker zu, als Luanga und die Kinder nicht weinten oder um Gnade bettelten, sondern in den Flammen ein Loblied zur Ehre Gottes sangen.

Hedwig,
die Schutzheilige von Schlesien

Die heilige Hedwig ist die Schutzheilige von Schlesien. Sie wurde als Grafentochter in Andechs in Bayern geboren und ähnlich wie Sankt Bonifatius in einem Kloster erzogen. Als sie 12 Jahre alt war, wurde sie mit Herzog Heinrich verheiratet; so kam sie nach Schlesien, wo Heinrich der Landesherr war. Heinrich tat viel Gutes für sein Volk.

Hedwig wollte ihrem Mann nicht nachstehen und begann schon bald, sich um die Ärmsten im Lande zu kümmern: um die Bauern und Waldarbeiter, die mit ihren Familien in großer Not lebten. Damals war es noch üblich, daß die reichen Herren sich Knechte hielten, die sie Leibeigene nannten. Sie konnten mit ihnen umgehen wie mit Ochs und Esel, keiner scherte sich darum, ob die Leibeigenen genug zu essen und zu trinken hatten, ob sie Lohn erhielten oder Schläge. Dieser bedauernswerten Leute nahm sich Hedwig an; sie tröstete bei Gericht die zum Tode Verurteilten, besuchte Gefangene im Kerker, pflegte Aussätzige und nahm Waisenkinder bei sich auf, kurzum, sie tat, wie Jesus meint, wenn er spricht: „Liebet einander, wie ich euch geliebt habe!"

Hedwig sorgte aber nicht nur dafür, daß im Lande Schlesien weitergetan wurde, wie Jesus getan hat, sondern auch, daß weitergesagt wurde, was Jesus gesagt hat. Sie ließ in Schlesien Klöster und Kirchen bauen, in denen Gottes Wort verkündet und das heilige Opfer gefeiert wurde. Am bekanntesten ist das Kloster Trebnitz, das Hedwig von ihrem Spargeld erbauen ließ.

In freigewählter Armut starb Hedwig im Jahre 1243, nachdem sie sechs ihrer sieben Kinder und ihren Mann vor ihr hatte sterben sehen.

Die heilige Hedwig ist in Trebnitz begraben. Sie wird dort seit Jahrhunderten von Deutschen und Polen hoch verehrt. Was die große Frau für die Versöhnung der beiden Völker getan hat, sollen diese nicht vergessen.

▷ *Heilige*

Vollendung des Reiches Gottes

Johannes durfte auf der Insel Patmos die Geheimnisse Gottes schauen. Was er sah und hörte, hat er mit prophetischen Worten aufgeschrieben. Sein Buch heißt: Die Offenbarung des Johannes. Die Texte dieses Buches sind voll von herrlichen Bildern über das, „was Gott denen bereitet hat, die ihn lieben“. Ein Thron steht im Himmel; auf dem Thron sitzt einer, der an Aussehen Edelsteinen gleicht. Rings um den Thron ist ein Regenbogen, schön wie ein roter Edelstein. Im Kreis um den Thron stehen 24 Throne, und auf den Thronen sitzen 24 Älteste in weißen Gewändern und mit goldenen Kränzen auf ihrem Haupt. In der Mitte, rings um den Thron, sind vier Wesen, voller Augen, vorn und hinten: Das erste Wesen gleicht einem Löwen, das zweite einem Jungstier, das dritte hat ein Gesicht wie ein Mensch und das vierte gleicht einem Adler im Flug. Jedes von den vier Wesen hat sechs Flügel, rundum und innen voller Augen. Tag und Nacht ruhen sie nicht und rufen:

Heilig, heilig, heilig ist der Herr, der Gott, der Herrscher des Alls; er war und er ist und er wird kommen.

Und wenn die Wesen dem, der auf dem Thron sitzt und in Ewigkeit lebt, Herrlichkeit und Ehre und Dank dartun, dann werfen sich die 24 Ältesten vor dem Thronenden nieder und beten ihn an, der in Ewigkeit lebt. Sie legen ihre Kränze vor seinen Thron und sprechen:

Würdig bist du, unser Herr und Gott, Herrlichkeit und Ehre und Macht zu empfangen. Denn du bist es, der die Welt erschaffen hat, durch deinen Willen war sie und wurde sie erschaffen.

Dann sah ich: eine große Schar aus allen Nationen und Stämmen, Völkern und Sprachen; niemand konnte sie zählen. Sie standen in weißen Gewändern vor dem Thron und vor dem Lamm und trugen Palmzweige in ihren Händen. Sie riefen mit lauter Stimme:

Die Rettung kommt von unserem Gott, der auf dem Thron sitzt, und von dem Lamm!

Und alle Engel standen rings um den Thron, um die Ältesten und die vier Wesen. Sie fielen vor dem Thron auf ihr Angesicht nieder, beteten Gott an und sprachen:

Amen, Lobpreis und Herrlichkeit, Weisheit und Dank, Ehre und Macht und Stärke unserem Gott in Ewigkeit! Amen.

Sie stehen vor dem Thron Gottes und dienen ihm Tag und Nacht in seinem Tempel; und er, der auf dem Thron sitzt, wird sein Zelt aufschlagen über ihnen. Sie werden nicht mehr hungern und nicht mehr dürsten; und keine Sonnenhitze noch irgend eine Glut wird auf ihnen lasten. Denn das Lamm in der Mitte vor dem Thron wird sie weiden und zu den Quellwassern des Lebens führen, und Gott wird jede Träne aus ihren Augen wischen.

▷ *Reich Gottes* ▷ *Himmel*

Kleines Lexikon

▷ *Israel*

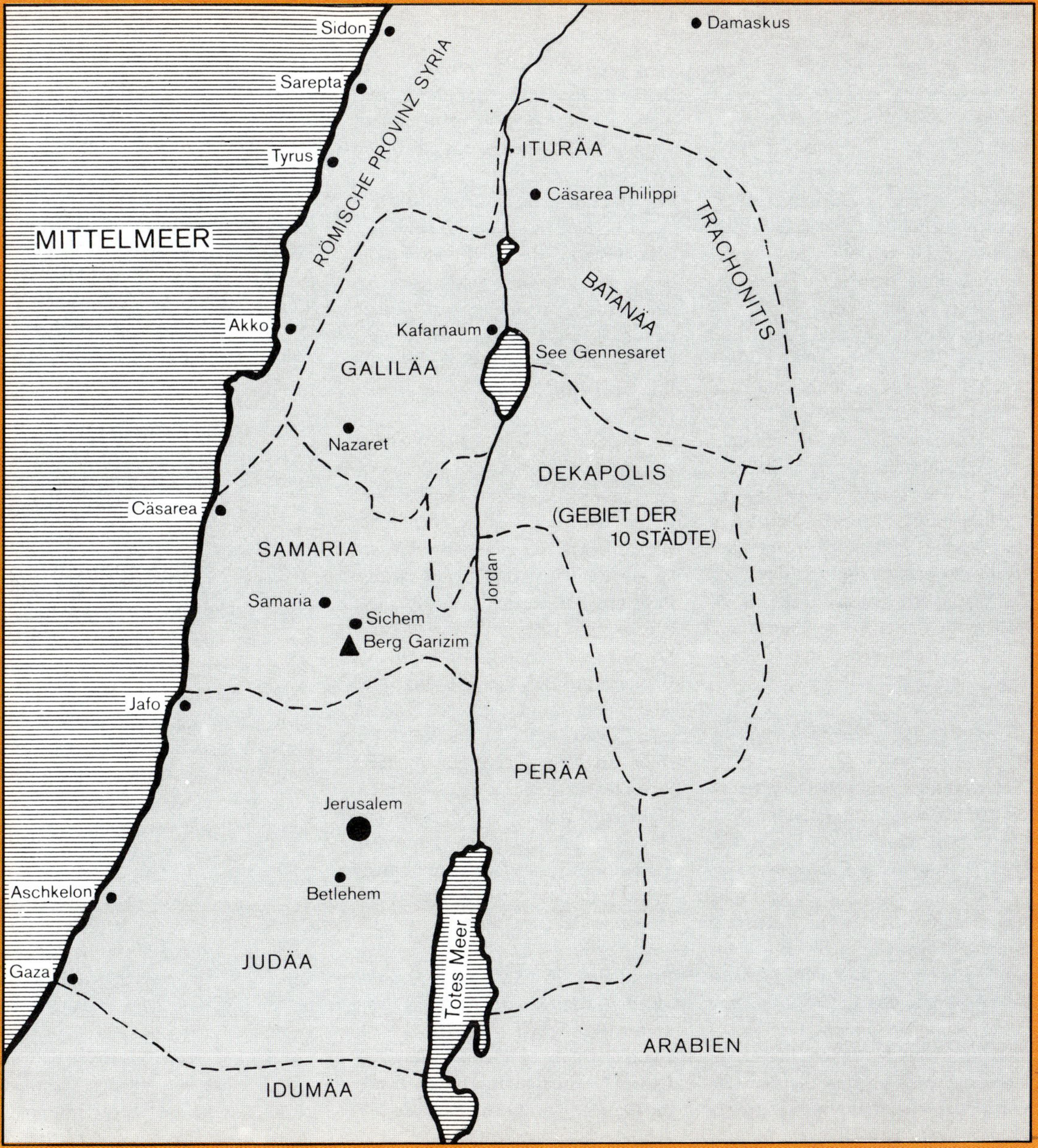

Abraham (zu deutsch: Großer Vater) war der »wandernde Aramäer«, von dem die Heilige Schrift erzählt, daß Gott ihn aus seiner Heimat rief und auf Wanderschaft schickte. Abraham zog aus dem Land zwischen Euphrat und Tigris, dem Zweistromland, fort ins Land Kanaan; er war dort ein Fremdling und ein Gast. Gott hatte ihm die Verheißung gegeben: Unzählige Nachkommenschaft sollte er erhalten und ein Land, in dem seine Nachkommen wohnen sollten. Er selbst sollte ein Segen sein für alle Völker. Weil auch Jesus Christus ein »Sohn Abrahams« ist, sehen die Christen diese Verheißung in Jesus Christus erfüllt.

Apostel Das griechische Wort Apostel bedeutet Gesandter, Bote, Missionar. Die zwölf Jünger, die Jesus auswählte und in seine Nachfolge rief, werden im Neuen Testament Apostel genannt; ebenso Paulus und Barnabas. Zum ersten seiner Apostel berief Jesus den Simon, dem er den Beinamen »der Fels« (griechisch: Petrus) gab. Die Nachfolger der Apostel sind die Bischöfe; der Bischof von Rom – der Papst – ist Nachfolger des Apostels Petrus. In der Apostelgeschichte erzählt der Evangelist Lukas die Ausbreitung der Kirche von Jerusalem aus ins römische Weltreich, besonders durch das Wirken des Petrus und des großen Völkerapostels Paulus.

Aramäer ▷ Patriarchen

Auferstehung Am Osterfest feiern die Christen die Auferstehung Jesu Christi von den Toten. Es ist das höchste Fest: Jesus Christus lebt, er ist nicht im Tode geblieben; er ist von Gott bestätigt worden als sein Sohn und als der kommende Richter aller Lebenden und Toten. Karfreitag war nicht das Letzte im Leben Jesu. Der auferstandene Herr Jesus Christus richtete den erschütterten, zusammengebrochenen Glauben seiner Jünger wieder auf und sandte sie in der Kraft des Heiligen Geistes aus, die Frohe Botschaft aller Welt zu verkünden: »Jesus lebt – mit ihm auch wir«. Weil der Auferstandene nicht mehr zu unserer sichtbaren Welt gehört und mit den menschlichen Sinnen nicht wahrnehmbar ist, erfuhren die Jünger die Osterbotschaft durch die Offenbarung Gottes, vor allem durch die Erscheinungen des Herrn selbst. Sie haben die unfaßbare Botschaft zunächst kaum glauben können; später haben sie dafür alles eingesetzt, sogar ihr Leben.

Bischof Den Vorsteher eines Bistums (Diözese) nennt man Bischof ein griechisches Wort, das eigentlich »Aufseher« bedeutet.
Der Bischof muß dafür sorgen, daß den Christen in seinem Bistum der Glaube verkündet wird und daß die heiligen Sakramente richtig gespendet werden, die heilige Eucharistie richtig gefeiert wird. Darum sagt man: Der Bischof ist der oberste Priester, Lehrer und Hirte seines Bistums.

Bistum Die katholische Kirche in der ganzen Welt ist in Bistümer (oder Diözesen) aufgeteilt; jedes Bistum wird von einem Bischof geleitet, der zusammen mit seinen Priestern die Seelsorge ausübt. Die Kirche in der Bundesrepublik Deutschland umfaßt mit Berlin 22 Bistümer; in den meisten von ihnen leben mehr als eine Million katholische Christen. Das Bistum selber besteht aus vielen Pfarreien; mehrere Pfarreien zusammen nennt man ein Dekanat. Alle deutschsprachigen Bistümer in Deutschland, Österreich, der Schweiz und in Südtirol besitzen im »Gotteslob« ein gemeinsames Gebet- und Gesangbuch.

Bund Die Wörter »Bund« und »Sich-Verbünden« kommen von »binden«. Wenn die Bibel vom Bund spricht, bezeichnet sie damit Gottes Verheißung an Israel, daß er ihr Gott sein will, und das Versprechen Israels, als Gottes Volk zu leben und nur ihm zu dienen. Dieser Bund wird der Alte Bund genannt. Der Alte Bund ist durch den Neuen Bund abgelöst und erneuert worden. Durch das Leben und Leiden Jesu Christi hat sich Gott mit dem neuen Israel, mit seiner Kirche, verbündet.

Buße Buße bedeutet erstens: Umkehr eines Menschen aus dem Bösen in Reue und guten Vorsätzen. Sie beginnt im Herzen. Wenn sie ernsthaft und echt ist, wird sie sich auch in einem neuen Tun und in einem besseren Leben des Büßers zeigen. Jesus hat gezeigt: Gott vergibt gern dem Sünder, der Buße tut. – Buße bedeutet zweitens: Taten der Wiedergutmachung; Überwindung des Bösen durch das Gute. Dafür kann man sich vieles einfallen lassen. Im Volk Israel zählte man als übliche Werke der Buße auf: Fasten, Beten, Almosen geben. – Buße nennt man drittens: Die Gebete und guten Taten, die der Priester einem bei der Beichte (dem Sakrament der Buße) aufträgt.

Christus Das Wort Christus ist griechisch und bedeutet »der Gesalbte«; in der hebräischen Sprache heißt der Gesalbte Messias. Gesalbt wurden früher Könige und Hohepriester. Das Volk Israel erwartete den Gesalbten als Retter und Erlöser, als neuen König David. Daß die Christen aber von Jesus, der am Kreuz gestorben war, sagten, er sei der erwartete Messias, erschien den Juden als eine Gotteslästerung. – Für das Bekenntnis, daß Jesus der Christus ist, ging Stefanus als erster Martyrer in den Tod. Jesus ist der Christus – dieses Glaubensbekenntnis sagt: er ist unser Retter aus Sünde und Tod und aus allem Unheil.

Credo Das lateinische Wort Credo bedeutet: Ich glaube; es ist das erste Wort des Apostolischen Glaubensbekenntnisses. Das Glaubensbekenntnis heißt apostolisch, weil es den katholischen Glauben, den uns die Apostel im Neuen Testament verkündet haben, kurz zusammenfaßt.

David David war ein junger Hirte aus Betlehem und später ein Kämpfer gegen die Philister unter König Saul. Die Bibel erzählt, daß er sogar Goliat, den stärksten Philister, besiegte. Eine innige Freundschaft verband ihn mit Jonatan, dem Sohn Sauls. Später wurde David König über das Volk Israel; er machte Jerusalem zur Hauptstadt und gründete ein großes Reich. Sein Sohn Salomo folgte ihm auf dem Thron. – Der Prophet Natan verhieß David, sein Thron und sein Geschlecht würden nicht untergehn. Darum erwarteten später die Juden »den Sohn Davids« oder den neuen David, der sie erlösen würde aus Knechtschaft und Leid. Sie nannten ihn den Messias oder den Christus.

Dreifaltigkeit Unser Gott ist ein verborgener Gott. Aber er hat sich dem Volke Israel als Retter aus Not und als Schöpfer der ganzen Welt zu erkennen gegeben. Er sandte dem Volk seine Boten, die er durch seinen Geist erleuchtete. Schließlich sandte er Jesus Christus, seinen Sohn; und er ließ auf die ganze Kirche seinen Heiligen Geist herabkommen. – Die Kirche feiert an Weihnachten, daß Gott der Vater den Sohn sandte; sie feiert an Ostern die Auferstehung des Sohnes von den Toten; sie feiert an Pfingsten die Herabkunft des Heiligen Geistes, den der Vater und der Sohn senden. Am Sonntag nach Pfingsten feiert sie das Dreifaltigkeitsfest. Die Gläubigen beten: »Ehre sei dem Vater und dem Sohn und dem Heiligen Geist«. – Die Christen verehren damit aber nicht drei verschiedene Götter, sondern den einen Gott in drei Personen. Darum nennen sie Gott den dreifaltigen oder den dreieinigen Gott. Der dreifaltige Gott ist Licht, Liebe und Barmherzigkeit. Er gibt den Menschen Anteil an seinem eigenen ewigen Leben; er will, daß alle jetzt und immer in Gemeinschaft mit ihm leben.

Engel Das Wort Engel kommt von Angelus und bedeutet »Bote«. Gott kann alle Geschöpfe als seine Werkzeuge in Dienst nehmen; auch Menschen können seine Boten sein. Die Bibel erzählt, daß Gott seine Botschaften manchmal durch Engel vermittelte, die den Menschen erschienen sind und ihnen Gottes Willen verkündeten. Auch seine Hilfe und seinen Schutz gewährt Gott nach manchen Erzählungen der Bibel durch Engel. Engel sind »dienende Geister, zur Hilfe ausgesandt für die Erben des Heils«; darum heißen sie auch Schutzengel. Wir loben Gott in Gemeinschaft mit seinen Engeln als den dreimal Heiligen. Die Bibel nennt die Namen der Erzengel Michael (= Wer ist wie Gott?), Gabriel (= Mann Gottes), Raphael (= Gott heilt). Der abgefallene Engel, der zum Widersacher Gottes wurde, trägt nach der Überlieferung den Namen Luzifer (= Morgenstern).
▷ *Teufel*

Feuer In der Bibel ist Feuer ein Bild-Wort (Symbol-Wort) für die Liebe Gottes, die sich für uns verzehrt, oder dafür, daß ein Mensch von Liebe zu Gott »entbrannt« ist. Allerdings ist auch vom »bösen Feuer« die Rede, das zur Strafe vom Himmel fällt oder das in der Hölle brennt; damit soll die Qual derer angedeutet werden, die nichts von Gott wissen wollen und sich ewig von ihm trennen.

Galiläa ▷ *Israel*

Gebet Beten heißt: Sprechen mit Gott. Im Gebet wendet sich der Mensch entweder mit freien, eigenen Worten an Gott, meist um ihn zu bitten, ihm zu danken oder ihn in der Freude zu lobpreisen; oder aber er spricht mit Gott in vorgeformten Texten. Das bedeutendste Gebet ist das Vaterunser, das von Jesus selbst stammt. Es gibt Ich-Gebete, die ein einzelner spricht, und Wir-Gebete, die von der Gemeinde gesprochen werden. Die Gebete im Gottesdienst sind meistens Wir-, also Gemeinde-Gebete. Auch ein Lied kann ein Gebet sein, ja sogar alles, was der Mensch auf Gottes Anruf und Weisung hin tut.

Gebot Im Alten Testament sind die »Zehn Gebote« aufgeschrieben, die Gott dem Volk Israel am Sinai gab. Sie sollten dem Volk helfen, den Weg zu Gott nicht zu verfehlen. Jesus Christus hat besonders auf die Gottes- und Nächstenliebe hingewiesen und gesagt: »Ein neues Gebot gebe ich euch: Liebet einander; wie ich euch geliebt habe, so sollt auch ihr einander lieben«. Auch die Kirche hat für ihre Gemeinschaft Gebote formuliert, die Kirchengebote. Sie bilden für alle Gläubigen eine Richtschnur. Die Kirchengebote heißen: 1. Feiere den Sonntag als »Tag des Herrn«! 2. An Sonn- und Feiertagen nimm regelmäßig an der Eucharistiefeier teil! 3. Am Freitag bring ein Opfer! 4. Empfange regelmäßig, wenigstens aber in der österlichen Zeit die Sakramente der Buße und des Altares! 5. Hilf der Kirche und deiner Gemeinde!

Gleichnis Jesus lehrte die Menschen gern in Gleichnissen und Beispielgeschichten, damit sie ihn verstehen und seine Botschaft annehmen konnten. Das Gleichnis ist eine kurze Geschichte, in der ein Vergleich gemacht wird. So wird zum Beispiel das ewige Leben mit einem Gastmahl, das Reich Gottes in seiner Kostbarkeit mit einem Schatz verglichen. Auch kurze Bildworte heißen Gleichnisse: »Eher geht ein Kamel durch ein Nadelöhr, als ein Reicher in den Himmel.« Das bekannteste Gleichnis Jesu handelt vom barmherzigen Vater und seinem verlorenen Sohn. Eine Beispielgeschichte will nicht nur durch einen Vergleich belehren, sondern zum Handeln auffordern; die bekannteste ist die vom barmherzigen Samariter.

Gnade Gnade bedeutet Wohlwollen oder Gunst. Jesus hat gelehrt, daß Gott in seiner Gnade und Güte sich zu den Menschen herabneigt, besonders um reumütigen Sündern zu verzeihen, Leidende zu trösten und alle heimzuholen in die Gemeinschaft mit Gott. Gott befreit den Menschen, der sich ihm zuwendet, aus Schuld und Sünde und macht ihn heilig; er hilft ihm durch seine Gnade zu allem Guten. Maria, die Mutter Gottes, reden wir an mit den Worten: »Du bist voll der Gnade«.

Gott Immer schon haben die Menschen nach den Kräften und Mächten gefragt, die unsere Welt werden ließen und den Menschen Heil oder Unheil bereiten. Sie nannten die unbekannten, geheimnisvollen Mächte: Götter. Manche erkannten, daß es in Wirklichkeit nur einen Gott gibt; andere meinten, es gäbe weder Gott noch Götter. Juden, Christen und Muslim sind sich darin einig, daß der eine wahre Gott die Welt geschaffen hat. Er will das Heil der Menschen und wird sie nach ihren Taten am Ende der Welt richten. Gott hat sich dem Volk Israel geoffenbart und ihm seinen Namen Jahwe (= Ich-bin-da) kundgetan. In Jesus hat er uns seinen Sohn gesandt, wie der christliche Glaube bekennt. Jesus hat die Menschen gelehrt, zu Gott »Vater unser« zu sagen, obwohl Gott unendlich erhaben ist; die Gläubigen nennen ihn den Ewigen und den Heiligen, den Schöpfer, dem sie alles verdanken. Jesus hat durch sein Wirken gezeigt, wie sehr Gott die Menschen liebt. Wer von Gott nichts weiß, weiß nicht, woher er kommt und wohin er geht; ihm fehlt die letzte große Hoffnung und Zuversicht im Leben.

Heilige Die Christen bekennen im Gloria-Gebet: »Du allein bist der Heilige . . . Jesus Christus«. Dennoch werden auch Menschen »Heilige« genannt, nämlich solche, in denen etwas von der Heiligkeit, vor allem von der Liebe Gottes hindurchstrahlt in die Welt. Manche Heilige bleiben verborgen, andere, deren heiliges Leben bekannt wurde, sind »heiliggesprochen« worden. Ihre Namen finden sich im Heiligenkalender. Viele katholische Eltern geben ihren neugeborenen Kindern bewußt den Namen eines Heiligen. Sie wünschen sich, daß ihr Kind in seinem Leben seinem »Namenspatron« nacheifert. Alljährlich feiern sie mit ihren Kindern den Namenstag.

Himmel Das Wort »Himmel« kann zweierlei bedeuten, den Raum über uns, an dem wir täglich die Sonne und die Wolken sehen, nachts Mond und Sterne (er heißt auf englisch: sky); oder das Leben Gottes, an dem alle Engel und alle erlösten Menschen Anteil haben (auf englisch: heaven). Von diesem Himmel können wir in uns selber manchmal eine Vorahnung empfinden. So lange wir in dieser Welt leben, gilt aber das Wort des Apostels Paulus: wir verkündigen, was kein Auge gesehen und kein Ohr gehört hat, was keinem Menschen in den Sinn gekommen ist: wie Gott denen Großes bereitet hat, die ihn lieben.

Hoherpriester Im Volk Israel wurde der oberste der Priester, die im Tempel zu Jerusalem Dienst taten, Hoherpriester genannt. Er durfte am großen Versöhnungstag Israels das Opfer darbringen und im Allerheiligsten des Tempels beten. Der Hohepriester Kajafas führte das Verhör gegen Jesus und übergab ihn an Pilatus, daß er ihn kreuzige. Jesus brachte sich selbst am Kreuz zum Opfer für die Menschen dar; darum wird er in der Bibel der ewige Hohepriester genannt.

Israel Der heutige Staat Israel, der 1948 unter schweren Kämpfen unabhängig wurde, ist für Juden, Christen und Muslim ein »heiliges Land«. Dorthin wanderte Abraham, als er dem Ruf Gottes folgend aus seiner Heimat aufgebrochen war. Dort siedelten sich die Söhne Israels in der Zeit nach Mose an; damals hieß das Land Kanaan. Weil dort zur Zeit der Könige Saul und David die Philister mächtig waren, erhielt es auch den Namen Palästina, d. h. Philisterland. Später herrschten in Palästina Griechen, Römer, Araber und die Türken. Es war immer ein umstrittenes Land, über das viele Kriege hinweggegangen sind; ein kleines Land zwischen großen Nachbarn, die oft viel mächtiger waren und es eroberten. – Die drei wichtigsten Landschaften Israels heißen seit alters: im Norden Galiläa (mit der Stadt Nazaret), in der Mitte Samaria (mit der Stadt Sichem), weiter südlich Judäa (mit Betlehem und der Hauptstadt Jerusalem). Noch weiter im Süden liegt die Wüste Negev.

Jahwe ▷ Gott

Jesus Der hebräische Name Jesus bedeutet: Jahwe rettet; oder: Gott ist Heil; oder einfach: Heiland. Der Name war damals nicht selten. Darum hat man Jesus frühzeitig Beinamen gegeben: Jesus von Nazaret, oder Jesus der Christus. Jesus von Nazaret ist der erwartete Messias oder Christus: Das ist das älteste und kürzeste Glaubensbekenntnis der Christenheit. Es besagt: In Jesus haben sich die Verheißungen Gottes erfüllt. – Als Jesus etwa 30 Jahre alt war, trat er nach seiner Taufe als Lehrer auf, und verkündete die Frohe Botschaft. Aus seinen Jüngern wählte er zwölf aus. Diese Zahl erinnert an die Stammväter des Volkes Gottes. Überall, wo Jesus hinkam, tat er den Menchen Gutes. Aber die Pharisäer lehnten ihn ab, weil er sich auch mit Sündern abgab. Die Sadduzäer lehnten ihn ebenfalls ab, weil sie ihn für politisch gefährlich hielten. Trotzdem ging Jesus nach Jerusalem, um dort für die Menschen zu sterben. An Ostern erkannten seine Jünger, daß Jesus wirklich der erwartete Messias, Gottes Sohn, war, und begannen den Glauben an ihn zu verkündigen.

Juden Nach einem der Jakobssöhne namens Juda wurde ein Teil des Landes »Judäa« und dessen Bewohner »Juden« genannt. Die Juden nannten sich selbst Israeliten; von den Ägyptern wurden sie Hebräer genannt. Die Römer zerstörten im Jahre 70 Jerusalem und das Judenreich, seitdem waren die Juden über die ganze Welt verstreut. Im Laufe der Jahrhunderte haben sie in vielen Ländern schwere Verfolgungen erleiden müssen.

Jünger ▷ Apostel

Kanaan ▷ Israel

Katechismus Vor über 400 Jahren schrieb der heilige Petrus Kanisius den ersten katholischen Katechismus. So nennt man ein Buch, in dem der katholische Glaube in knapper Übersicht und einfachen Merksätzen dargestellt ist. Katechismen müssen immer wieder neu geschrieben werden, weil die Fragen der Menschen immer wieder anders sind, und weil Kinder nicht mehr die Sprache ihrer Großväter sprechen.

Kirche Kirche nennt man sowohl das Haus Gottes, in dem die Gemeinde ihre Gottesdienste feiert, wie auch alle christlichen Gemeinden in der ganzen Welt. Das Wort Kirche kommt aus dem Griechischen (Kyriake) und heißt: dem Herrn zu eigen. Menschen, die durch Glaube und Taufe Christen geworden sind, gehören zur Kirche. Nach dem Willen Christi soll es nur eine Kirche geben. Die Spaltung der Christenheit in verschiedene Konfessionen ist ein Ärgernis. Unsere römisch-katholische Kirche wird geleitet vom Papst in Rom, zusammen mit den Bischöfen in aller Welt.

Kirchenjahr Das Kirchenjahr beginnt im Unterschied zum Kalenderjahr mit dem ersten Adventsonntag. Die Höhepunkte des Kirchenjahres sind Weihnachten, Ostern und Pfingsten. Diese Feste sollen das Gedächtnis an unsere Erlösung durch Jesus Christus lebendig erhalten. Dem Weihnachts- und Osterfest ist jeweils eine »Vorbereitungszeit« vorgeschaltet, nämlich die Adventszeit und die Fastenzeit. Neben diesen Festkreisen heben sich einzelne Feste wie Fronleichnam und das Christ-Königs-Fest aus dem Jahr heraus, sowie besondere Tage, an denen man heilige Menschen besonders verehrt: Martin, Nikolaus, Maria usw. –

Kreuz Das Kreuz ist das Zeichen des christlichen Glaubens. Am Kreuz ist Jesus Christus für uns gestorben. Darum verehren die Christen das Kreuz. Es ist das Siegeszeichen, das Zeichen der Erlösung von Sünde und Tod. Ursprünglich war das Kreuz das Zeichen größter Schande; nur schwere Verbrecher wurden im Römischen Reich zur Todesstrafe am Kreuz verurteilt.

Licht Licht ist Sinnbild für Leben, Freude und Heil. Jesus Christus sagt von sich: »Ich bin das Licht der Welt. Wer mir nachfolgt, wird nicht in der Finsternis gehen, sondern wird das Licht des Lebens haben.« Das Licht der Osterkerze drückt die Freude über die Auferstehung unseres Herrn aus. Auch die Lichter am Weihnachtsbaum und das lichterfüllte Haus zu Pfingsten erinnern daran, daß »der Herr unser Licht und unser Heil« ist. Um die Gläubigen an die Gegenwart des Herrn im Sakrament zu erinnern, brennt in der Kirche das Ewige Licht.

Maria Maria ist die Mutter Jesu. Sie lebte in Nazaret. Die Heilige Schrift berichtet nur weniges von ihr. Am meisten erzählt Lukas in den Kindheitsgeschichten Jesu von Maria. Johannes erwähnt, daß sie unter dem Kreuze stand. Weil Jesus der Sohn Gottes ist, wird Maria auch Mutter Gottes genannt. Im »Gegrüßet-seist-du-Maria« bitten die katholischen Christen Maria, bei Gott Fürsprache einzulegen.

Martyrer ▷ Heilige

Messias ▷ Christus

Mission Der Auftrag Jesu, die Frohe Botschaft bis an die Grenzen der Erde zu verkündigen, gilt für jede Zeit und verlangt immer neue Anstrengungen. Darum sendet die Kirche Missionare (»Gesandte«) aus. Missionare müssen bei der Verkündigung der Frohen Botschaft die jeweiligen Verhältnisse und Gewohnheiten des Volkes berücksichtigen.

Mose Mose war der große Führer und Gesetzgeber des israelitischen Volkes. Er befreite es in der Kraft Gottes aus der Knechtschaft in Ägypten. Gott erwählte ihn von Anfang an für diese Aufgabe (das zeigt die Geschichte von seiner Errettung im Binsenkorb), er berief ihn wie einen Propheten am brennenden Dornbusch in der Wüste und gab ihm seine Aufträge. Als den Höhepunkt seines Lebens stellt die Heilige Schrift den Bundesschluß Gottes mit seinem Volk am Sinai heraus. Mose war dort der Mittler zwischen Gott und den Menschen. – Nachdem Mose sein Volk an die Grenze des Landes Kanaan geführt hatte, starb er in hohem Alter. Er durfte das

Land der Verheißung nicht betreten; nur sehen konnte er es vom Gipfel des Berges Nebo. Im Neuen Testament ist Jesus der »neue Mose«. Er führt sein Volk aus der Knechtschaft des Bösen in die Freiheit des Reiches Gottes, ins ewige Leben. Er ist nicht nur »Freund Gottes« wie Mose, sondern Gottes Sohn.

Offenbarung Der Glaube der Christen ist nicht von Menschen erdacht worden. Gott hat ihn uns ermöglicht durch seine Offenbarung. Offenbarung nennt man die Taten und Worte, durch die Gott sich den Menschen zu erkennen gab. Er berief Menschen (wie Mose und die Propheten), gab ihnen seine Aufträge und tat ihnen seinen Willen kund. Er trieb Menschen an, niederzuschreiben, was sie von all dem erzählen und verkünden wollten. So entstand die Heilige Schrift, das Buch der Offenbarung. Das größte Ereignis der Offenbarung Gottes war, daß Gott seinen Sohn Jesus Christus auf die Erde sandte. In seinem Leben, seinen Worten, seinem Leiden und seiner Auferstehung hat Gott sich zu erkennen gegeben, wie er ist. Der Evangelist Johannes sagt: »Niemand hat Gott je geschaut. Der einzige Sohn, der Gott ist und am Herzen des Vaters ruht, er hat Kunde gebracht.« (Joh 1, 18)

Orden Männer und Frauen, die sich nach bestimmten Regeln und Ordnungen zusammenschließen, um in Gebet, Gottesdienst oder geistiger und körperlicher Arbeit Gott zu dienen, treten einem Orden bei. Man nennt sie Schwestern, Nonnen, Patres, Brüder, Mönche. Ordensleute sind unverheiratet, damit sie in besonderer Weise Gott dienen können. Vielfach dienen sie Gott in Krankenhäusern, Heimen, Schulen und Kindergärten; oder sie verkünden das Evangelium als Missionare. – Das Haus, in dem Ordensleute zusammenleben, wird meistens Kloster genannt.

Ostern ▷ Auferstehung

Papst Für die katholische Kirche ist der Papst der »oberste Hirte«. Schon im Neuen Testament wird Simon Petrus (d. h. der Fels) immer als erster Apostel genannt. Jesus hat Petrus zum Fundament seiner Kirche erwählt. Der Papst ist Bischof von Rom und der Nachfolger des Apostels Petrus. Er leitet mit der Gemeinschaft der Bischöfe die gesamte Kirche. In allen Messen, die auf der Erde gefeiert werden, wird der Papst im Hochgebet namentlich genannt.

Pascha Das wichtigste Fest, das das Volk Israel im Lauf des Jahres feierte, war das Paschafest (auch Pessachfest genannt). Es ist das jüdische Osterfest. Ursprünglich war es ein Hirtenfest, bei dem ein Lamm geschlachtet und geopfert wurde. Seit dem Auszug aus Ägypten erinnert die Festfeier aber an die Rettung, die dem Volk dort zuteil wurde, und an den Bund, den Gott mit ihm geschlossen hat. Damit verbunden wurde ein Erntefest, bei dem man frisches ungesäuertes Brot aß; darum wurde es auch »Fest der ungesäuerten Brote« genannt. Bei der jüdischen Pessachfeier wird – bis zum heutigen Tag – die Geschichte vom Auszug und der Rettung des Volkes vor den Ägyptern erzählt. In der Osternacht, in der die Christen die Auferstehung des Herrn feiern, wird der uralte Bericht vom Zug der Israeliten durch das Rote Meer vorgelesen.

Patriarchen Das griechische Wort Patriarchen bedeutet Stammväter. In der Bibel sind damit Abraham, Isaak und Jakob gemeint. Sie gelten als die Stammväter des jüdischen Volkes. Abraham war »der« Stammvater des Volkes Israel schlechthin. Abrahams Sohn Isaak hatte, wie die Bibel erzählt, zwei Söhne, Esau und Jakob. Stammvater wurde aber nicht Esau, der erste, sondern Jakob, der von Gott den Beinamen Israel erhielt, das heißt »Kämpfer mit Gott«. Jakobs Söhne zogen nach Ägypten, wurden dort zu einem zahlreichen Volk, und Mose führte sie in das »gelobte« oder versprochene Land Kanaan, das heute Israel heißt.

Petrus ▷ Apostel ▷ Papst

Pfarrer In der katholischen Kirche wird der Pfarrer durch den Bischof eingesetzt. Der Pfarrer läßt sich bei seinen schwierigen und vielfältigen Aufgaben vom Pfarrgemeinderat beraten und helfen. Heute, da es zu wenige Priester gibt, werden Pfarreien oft zu »Pfarrverbänden« zusammengefaßt.

Pharisäer Das Wort Pharisäer bedeutet: »Abgesonderte«. So nannten sich solche Juden, die das Gesetz des Mose besonders gut zu kennen glaubten. Sie überboten sich gegenseitig in der Einhaltung bestimmter Vorschriften. Aus den alttestamentlichen Weisungen leiteten sie über

600 Gebote und Verbote ab. Darüber verloren sie das wichtigste Gebot der Gottes- und Nächstenliebe oft aus den Augen.

Priester Das Wort Priester kommt vom griechischen Wort Presbyter, das heißt Ältester. So nannte man die Gemeindevorsteher schon in der alten Kirche. Die Priester sorgen für die Verkündigung des Wortes Gottes, für die Spendung der Sakramente und für die Leitung der Gemeinden. Sie tun dies im Auftrag der Bischöfe, deren Mitarbeiter sie sind. Durch die Priesterweihe haben sie dazu von Christus die Sendung erhalten. Damit sie sich ganz frei dem Dienst widmen können, den sie übernommen haben, leben sie ehelos. Die Aufgabe der Priester im Alten Bund war der Gottesdienst im Tempel, aber auch die Belehrung des Volkes und die Verwaltung der Tempelgüter. An ihrer Spitze stand der Hohepriester. Die vornehmen Priesterfamilien zur Zeit Jesu waren die Sadduzäer.

Prophet Das Wort Prophet stammt aus der griechischen Bibelübersetzung und bedeutet: »Sprecher im Auftrag Gottes«. Die Propheten wurden von Gott berufen und verkündeten in seinem Auftrag den Willen Gottes; die Umkehr aus aller Sünde, die Treue zum Bund mit Gott. Sie redeten dem Volk und dem König ins Gewissen und mußten dafür oft Feindschaft und Verfolgung erdulden. Im Namen Gottes drohten sie kommende Strafen an, aber im Unglück trösteten sie die Menschen auch mit der Verheißung des Heiles. Ihre Worte und Taten sind in der Heiligen Schrift gesammelt. Die vier großen Propheten heißen Jesaja, Jeremia, Ezechiel und Daniel. Doch auch Samuel, Elija und viele andere große Gottesmänner sind Propheten gewesen. Johannes der Täufer, der Vorläufer des Herrn Jesus Christus, war der letzte Prophet.

Psalm ▷ *Gebet*

Rabbi Rabbi heißt auf deutsch »Meister« oder »Lehrer«. Rabbi war die ehrenvolle Anrede für die Gesetzeslehrer, die Schriftgelehrten im Volk Israel. Auch Jesus wurde von den Menschen mit Rabbi angeredet. Heute noch nennen die jüdischen Gläubigen ihren Geistlichen »Rabbiner«.

Reich Gottes Jesus verkündete den Menschen: Das Reich Gottes (das Himmelreich, die Gottesherrschaft) ist nahe; es bricht an, es ist mitten unter euch da. Er wollte damit sagen: Wer meiner Frohen Botschaft glaubt, auf Gottes Güte hofft, in der Liebe zu Gott und den Menschen lebt – in dem ist Gott da; der ist ein neuer Mensch geworden; in ihm fängt Gott an in dieser Welt zu herrschen. Aber die Juden erwarteten ein Reich, in dem sie nicht mehr den Römern gehorchen mußten. Ein solches Reich wollte Jesus nicht schaffen. Er lehrte vielmehr seine Jünger, zu Gott, dem Vater, zu beten: Dein Reich komme. Es ist ein Reich der Liebe und des Friedens, das Gott den Menschen schenkt. Dieses Reich hat mit Jesus unter den Menschen in Verborgenheit angefangen. Wenn es vollendet sein wird, wird es Sünde, Leid und Tod nicht mehr geben. Dann wird Gott alles neu machen.

Sabbat Der Sabbat, der heute noch von den gläubigen Juden streng beachtet wird, ist der Ruhetag der Woche, zugleich Tag der besonderen Verehrung Gottes. Nach dem Gesetz des Mose wird der Sabbat als arbeitsfreier Tag gefeiert. Wenn möglich, nimmt der gläubige Jude am Sabbatgottesdienst in der Synagoge teil. Die ersten Christen feierten statt des Sabbat (Samstag) den ersten Tag der Woche (Sonntag) als Tag der Auferstehung des Herrn (Tag des Herrn). Ein Gebot der Kirche verpflichtet die Gläubigen, den Sonntag durch Arbeitsruhe und Mitfeier der Messe zu heiligen.

Sakrament Gott hat sich in Jesus Christus sichtbar und hörbar, faßbar und spürbar gemacht. Mit Augen und Ohren, mit Leib und Seele, mit Herz und Verstand soll der Mensch Gott erfahren. Darum redet die Kirche nicht nur in Worten zu ihren Gläubigen, sondern auch in den Zeichen der Sakramente: im Wasser, im Brot, im Öl, im Wein, durch Handauflegen, durch Essen und Trinken. In den Zeichen der Sakramente wird das Heil, das Gott den Menschen zugedacht hat, wirksam. Die Sakramente (Taufe, Firmung, Eucharistie, Buße, Krankensalbung, Priesterweihe, Ehe) gehen auf Jesus Christus zurück, in dem die Kirche gründet.

Schriftgelehrter Schriftgelehrte hatten darauf zu achten, daß die Gesetze und Vorschriften der Heiligen Schrift richtig ausgelegt und befolgt wurden. Viele der Schriftgelehrten gehörten zur Gruppe der Pharisäer, sie hatten hohes Ansehen im Volk.

Sonntag ▷ *Sabbat*

Sünde Wer Gutes unterläßt und Böses tut, verstößt gegen Gottes Willen. Solche Verstöße nennen wir Sünde. Sünden kann man begehen in Gedanken, Worten und Werken. Die Zehn Gebote Gottes warnen vor den Sünden, weil diese uns schaden und Unglück bringen. Das gilt besonders von den schweren Sünden, die oft auch »Todsünden« genannt werden. Leichtere Verfehlungen nennt man auch läßliche Sünden oder »Wundsünden«. Es hängt von vielen Umständen ab, wie schwer eine Sünde ist. Geschah sie mit voller Einsicht, mit freiem Willen, in einer wichtigen Sache? Oft können wir es nicht beurteilen; aber Gott weiß es. – Gott will, daß der Mensch seine Schuld vor ihm bekennt; er soll bereuen und sich bessern. Der Sünder soll Buße tun; er soll das Bußsakrament empfangen. Im Bußsakrament vergibt Gott die Sünde. Nach Kräften soll der Mensch wieder gut machen, was er durch die Sünde angerichtet hat.

Taufe Das Wort Taufe kommt von tauchen. Johannes der Täufer spendete seine Bußtaufe durch Untertauchen. Die Menschen bekannten dabei ihre Sünden, sie baten um die Vergebung Gottes. Das Untertauchen im Wasser war ein Zeichen für die Reinigung, die sie ersehnten. Auch Jesus empfing die Taufe des Johannes, weil er die Sünden aller auf sich nahm. Die Taufe des Johannes war noch kein Sakrament. – Die Taufe der Christen ist das erste und grundlegende Sakrament der Kirche. Denn nach seiner Auferstehung sandte Jesus seine Jünger aus mit dem Auftrag: Macht alle Völker zu meinen Jüngern und tauft sie im Namen des Vaters und des Sohnes und des Heiligen Geistes. So war die Taufe von Anfang an das Zeichen für die Aufnahme in die Kirche. Wer sich im Glauben Jesus anschließt, läßt sich taufen. Gläubige Eltern lassen auch ihre Kinder taufen. Die Taufe wird auch das Sakrament der Wiedergeburt genannt; das heißt: Bekehrte, gläubige, getaufte Menschen werden durch Gottes Gnade neue Menschen, „wiedergeboren aus dem Wasser und dem Heiligen Geist“.

Teufel Das Wort Teufel kommt von Diabolos; dieses bedeutet Verwirrer, Verleumder, Widersacher (»Satan«). Mit dem Wort Teufel bezeichnet die Bibel den bösen Geist, der in der Welt durch Verführung und Verblendung der Menschen herrscht. Von Jesus Christus sagt der Apostel Johannes: »Der Sohn Gottes ist erschienen, um die Werke des Teufels zu zerstören.« Der Apostel fordert die Christen zu Freude und Zuversicht auf, denn »der Sieg, der die Welt besiegt hat, ist unser Glaube«. Die Christen sollen sich deshalb keine Furcht vor dem Teufel einjagen lassen. – In manchen Religionen haben die Menschen Angst vor bösen Göttern. Für sie ist die Bekehrung zum Christenglauben eine große Befreiung. Sie dürfen aufatmen: Es gibt keine bösen Götter! Christus hat alle bösen Mächte und Gewalten überwunden. Die Christen sind geborgen in der Liebe Gottes. Das Böse in der Welt geht nicht von Gott aus, sondern von Gottes Geschöpfen: Von Engeln und Menschen, die sich gegen Gott erheben können und doch nichts gegen ihn vermögen. ▷ *Engel*

Wallfahrt ▷ *Weg*

Wasser Wasser kann vernichten (Flut, Hochwasser), kann reinigen (Bad, Dusche, Waschmaschine) und kann Leben erhalten (Durststillen: Pflanze, Tier, Mensch). Wasser ist also ein wichtiges Element im Leben des Menschen. Kein Wunder, daß Wörter, die mit »Wasser« zusammenhängen, in der Bibel 450 mal vorkommen. Beim Sakrament der Taufe hat Wasser Symbol-Wert: Die Taufworte und das Übergießen des Täuflings mit Wasser zeigen an und bewirken, daß Schuld und Böses vernichtet werden, daß der Mensch rein wird und daß Gott ihm Leben gibt.

Weg Nicht nur eine Art Straße von einem Ort zum andern nennt man Weg; das Wort »Weg« ist ein Bild-Wort: jemand hat noch einen langen Weg vor sich, jemand ist vom Weg abgekommen, jemand geht krumme oder seltsame Wege, wir sind unterwegs zu Gott. Jesus sagt: »Ich bin der Weg . . .« – Das heißt: Wer sich an Jesus orientiert, geht nicht in die Irre, sondern richtig. – Wenn katholische Christen eine Wallfahrt machen, zeigen sie durch ein kurzes, manchmal mühseliges Stück Weg an, daß sie unterwegs sind zum ewigen Ziel.

Wind Zu den häufig gebrauchten Bild-Worten in der Bibel gehören die Wörter »Wind« und »Sturm«; zu dieser Wortgruppe gehört auch »Atem«. Mit diesen Wörtern ist Leben und Lebendiges gemeint: Daß Gott dem Menschen Leben gibt, erzählt die Schrift so, als blase Gott dem ersten, noch toten Menschen, göttlichen Atem in die Nase. Im Sturmesbrausen und leisen Säuseln des Windes suchten die Israeliten Gottes Offenbarung; im Sturmesbrausen kam der Geist Gottes, wie Lukas erzählt, auf die junge Kirche herab.

Wolke Wolke ist ein biblisches Bild-Wort für die verborgene Herrlichkeit Gottes: Von der Wolkensäule sahen sich die Israeliten von Gott aus Ägypten und in das verheißene Land geführt; Wolken bedeckten die Spitze des Gottesberges Sinai, als Gott seine Gebote gab; eine »lichte Wolke« bedeckte die Herrlichkeit des verklärten Herrn auf dem Berge; als Jesus in den Himmel auffuhr, zeigte eine Wolke den Jüngern an, daß er nun nicht mehr mit menschlichen Sinnen von ihnen zu greifen war.

Wunder Blinde sehen, Lahme gehen, Taube hören, Aussätzige werden rein, Tote stehen auf – das erzählen die Evangelisten vom Wirken Jesu damals, als er im ganzen Land die Frohe Botschaft vom Reiche Gottes verkündete. An diesen Wundern konnten die Menschen erkennen, daß es im Reich Gottes keinen Kummer, keine Angst, kein Leid, keinen Tod mehr geben soll. Sie konnten auch erkennen, daß Jesus Sendung und Vollmacht von Gott hatte. Sie mußten fragen: Wer ist denn der, der solche Dinge tut und eine solche Frohe Botschaft verkündet? So sind die Wunder, die Jesus getan hat und die von ihm erzählt wurden, eine Einladung zum Glauben an ihn. Sie sind auch eine Aufforderung an uns, daß wir leidenden Menschen beistehen und ihnen nach unseren Kräften helfen.

Inhaltsverzeichnis

Bildnachweis

Bavaria Verlag, München (16, 27, 32, 34, 38, 42 r. o., 44, 47, 49, 66 u., 67 l., 72, 73 3 x,76, 77, 78, 79, 83 r., 84, 89 r., 97 r., 105, 114, 121 4 x, 122, 124, 127, 130), KNA Frankfurt (7, 19, 29 l., 83, 104), Marianne Höing, Donauwörth (40/41, 57 3 x), Subiaco, ca. 1228: (9), Pressehuset, Kopenhagen (42 r. u., 51), roebild Kurt Röhrig, Frankfurt/M. (42 l. o.), Meinrad Lehmann, Waldbronn (43, 85), Barbara Klemm, Frankfurt/M. (45), Amerika-Dienst (54), Werner Müller, Stuttgart (57 u. r., 96), Astrid von Lutritz, Geilenkirchen (57 M.), Robert Holder, Urach (28, 137, 142), Pressedienst Martin, München (29), Christa Petri, Regensburg (36), Horst Müller, Düsseldorf (40), Institut für Film und Bild, Grünwald (66 o.), Anthony Verlag, Starnberg (70 o.), Franz Meitinger, Donauwörth (39, 70 u., 106), Erhard Jorde, Aschaffenburg (75), Toni Schneiders, Lindau-Schachen (96), Ludwig Röckl, München (120), Werner Engelhardt, Wemding (118), Pressebild Werek, München (88), Otto Kuchenbauer, Donauwörth (90), STB-Dia, Schnatterpeckaltar (93), Dr. Wolff & Tritschler, Frankfurt/M.(94), Bildverlag G. Haugg, München (42 l. u., 113), Hubertus Hierl, Niederleierndorf (125), Calig Verlag, München/Misereor (132), Slomi Foto, Essen (133), Foto Wehmeyer, Hildesheim (65), Cramers Kunstanstalt, Dortmund (140), Abtei Maria Laach (95)

„Images et documents“ aus der Reihe „Catechisme“, Verlag Editions du sénevé, Paris: S. 31

Grafiken

Paula Jordan 100
Sr. Animata, Taubstummenanstalt Dillingen/Do. 107
Johannes Grüger 131

Liedquellen

„Dein Lob, Herr“ Gotteslob Nr. 263
„Wer unterm Schutz“ Gotteslob Nr. 291
„Singet Lob“ Gotteslob Nr. 260
„Dies ist mein Gebot“ Gotteslob Nr. 751,1
„O Herr, wir loben“ Gotteslob Nr. 504
„Nun jauchzet“ Gotteslob Nr. 474
„Singet dem Herrn“: Stuttgart/Bad Cannstatt
„Jesus wohnt“ – aus: Nickel/Achtnich „Geschichten und was man damit machen kann“, Christophorus-Burckhardthaus-Verlag